JN485816

네덜란드 형사사법체계

NETHERLANDS
CRIMINAL JUSTICE SYSTEM

네덜란드 형사사법체계

송문호 저

전북대학교
출판문화원

서 문

그동안 우리나라에는 독일, 일본 그리고 영국과 미국의 법제도는 많이 알려져 있고, 사법개혁이나 검·경찰 개혁 등이 논의될 때마다 거의 습관적으로 비교법연구의 대상으로 삼아왔다. 그러나 아직 네덜란드의 법체계, 특히 형사사법제도에 관한 본격적인 연구는 찾아보기 힘들었다. 네덜란드는 특유의 평등정신과 관용정신 그리고 실용성을 바탕으로 한 형사사법제도를 발전시켜왔으며, 일본 근대화 초기에 성행했던 네덜란드 난학蘭學은 일본이 서양문물을 받아들이고, 기술을 발전시키는 중추적 역할을 담당하기도 하였다.

네덜란드의 형사사법제도는 관대함과 다양함 그리고 합리적인 실용성을 특징으로 한다. 그 대표적인 것들을 살펴보면:

사법부의 신뢰를 바탕으로 한 예심판사제도와 보결판사제도; 검찰과 경찰의 합리적 업무분담과 협력구조; 대법원검찰, 검찰대표위원회 등을 통한 민주적 의사소통구조; 소년범에 대한 할트HALT

프로그램 등 각종 형사 다이버전; 처벌에 관심을 두지 않고 범죄의 동기에 중점을 두는 복지주의; 자율성을 기반으로 한 교정정책; 대마초 등 소프트 마약에 대한 관용정책; 진보적인 안락사 정책; 형사절차상 화해제도; 적극적인 범죄피해자 지원; 사회격리가 아닌 치료중심의 다양한 보안처분제도; 자원봉사 등을 통한 공동체 협력정신의 형사정책; 적극적인 조기석방 실시 등을 들 수 있다.

2000년대 초반 저자가 소장교수시절, 지도교수님인 Prof. Dr. Wolfgang Frisch의 주선으로 네덜란드의 형사사법기관을 둘러보면서 느낀 그들은 다른 유럽국가 국민들과 달랐다. 네덜란드여행은 독일유학을 경험하여 유럽에 대해 어느 정도 알고 있다는 저자의 평균적인 생각을 바꾸는 계기가 되었다. 보통 서구유럽인들은 친절하지만 자부심이 넘치고, 예의 바르지만 넘지 못할 위계가 견고했으며, 그들의 위트에는 문화적 우월감이 항상 깔려있었다. 네덜란드는 다른 서유럽국가들과는 달리 웅장하지도 화려하지도 않지만, 개방적이고 평등한 생활태도와 따뜻함이 느껴졌다. 저자가 본 네덜란드의 형사사법제도 역시 이와 크게 다르지 않다.

그동안 미개척분야였던 네덜란드 형사사법체계를 소개함으로써 실제로 활용 가능한 비교법적 영역을 확대하는 계기가 되고,

주변 강대국의 이해관계 틈에서 관용과 평등 그리고 국제적 개방성으로 구축한 네덜란드 형사법체계를 개관함으로써, 우리나라의 형사사법체계가 발전할 수 있는 기초적 발판을 마련하는 자료가 되기를 기대한다.

끝으로 번거로운 교정과 색인작업을 꼼꼼하게 챙겨준 양랑해 박사에게 감사의 마음을 전한다.

2018년 12월

전북대학교 법학전문대학원 연구실에서 저자 씀

목 차

04

형사사법체계의 주요 기관

06

네덜란드 형사 소송법의 논점

01

형사정책

1.1 형사정책 개관

네덜란드 형사사법체계는 오랫동안 그 관대함으로 유명하다. 통상 유럽의 다른 여러 나라와 비교하여 네덜란드의 낮은 교도소 수용율이 이러한 시각을 뒷받침하고 있다. 사회보안을 강조해온 1970년대에도 교도소 수용율은 대략 100,000명당 20명 정도였다. 이러한 경향은 계속 이어져 2000년대에도 거의 100,000명당 90명 정도의 교도소 수용율을 유지하였다. 수치상으로 볼 때에 이러한 교도소 수용율의 증가는 놀라운 일로 보일 수 있다. 그러나 단순히 통계상에 나타나는 현상과 실제는 상당히 다르다.

1970년대와 1980년대 초반의 낮은 교도소 수용율은 부분적으로 허구적인 것이었다. 왜냐하면 실무상 실제 교도소수용규모와 필요한 수용규모에는 상당한 차이가 있었기 때문이며 그러한 차이는 '대기명단[waiting list]'에 기인한다. 네덜란드에서는 공판 전 구금상태에 있지 않은 범죄자가 재판을 받고 자유형을 선고받으면 재판이 끝난 후 즉시 복역하지 않으며 그들은 대기명단에 올려지고 수용 여유가 생기는 즉시 복역하도록 소환된다.

실제로 1970년대 중반부터 대기명단에 있던 사람들이 소환되어 복역하는 과정에서 지체현상이 증가하기 시작했다. 공판 전 구금에 관한 새로운 법률이 부분적으로 그 원인이 되었고 사실 그에 의해 공판 전 구금자의 수가 감소하기도 하였다. 그리하여 징역형을 선고받는 법원의 개정시점부터 계속하여 복역하는 사람들은 더욱 줄어들었다. 공판 전 구금을 감소시켜 징역형의 감소를 이끌어내려는 이 법률의 더 큰 목적은 실질적으로 구체화되지는 못하였다. 법무부의 행형당국은 교도소의 실제수용능력과 필요한 수용능력이 더 이상 일치하지 않는 것을 너무 늦게 깨달았다. 역설적으로 이 시기의 행형정책은 심지어 교도소를 폐쇄하는 방향으로 가고 있었다.

결국 1980년대 초반에 교도소 수용규모의 대규모 확장사업이 시작되었다. 1980년대 후반에 900명의 교도소수용규모 확장을 위한 새로운 교도소건설계획이 수립되었다. 이러한 건설계획에도 불구하고 실제로 복역지체현상은 증가되었다.

1990년대 초반에 유례없이 방대한 교도소건설계획이 시작되었다. 1994년과 1996년 사이에 14개의 교도소가 새로 문을 열었고 2000년대 초반에는 대략 12,800개 방[cell]의 수용능력을 갖추었다. 이 시기에 교도소수용규모는 2배 이상으로 증가했다. 네덜란드는 세계에서 가장 빠르게 교도소 수용인원이 증가하는 나라중의 하나이다.

이러한 교도소수용규모의 증가는 어느 정도는 이전보다 가혹해진 형의 선고 때문이기도 하다. 범죄율이 실질적으로 증가해왔음에도 불구하고 증가된 범죄와 관련하여 징역형의 선고는 상대적으로 별다른 변동이 없었다. 그러나 평균 징역형의 기간은 좀 더 길어졌다. 점점 증가하는 범죄에 대처하기 위해 교도소의 증가는 당분간 계속될 것으로 예측된다.

1980년 이후 전유럽에 걸쳐 범죄인의 개선을 통한 범죄예방사상은 크게 퇴조하였고 네덜란드의 교도소 또한 대규모로 확장되었다. 그 동안의 관대했던 처벌역시 예전에 비해 상당히 무거워지기 시작하였다. 반면 단기자유형은 감소하였고 벌금형을 선호하였다. 검찰보다는 경찰의 역할이 강조되었으며 기소 전 다이버전이 증가하였고 범죄문제를 각 공동체영역에서 해결하려는 경향이 뚜렷해졌다.

특히 1985년 범죄예방정책의 원활한 운영을 위해 범죄의 사회적 예방을 위한 정부 부처 간 위원회가 설립되어, 범죄예방을 위한 2,500만 달러의 정부보조금을 할당하였다. 이 보조금은 국지적인 범죄예방계획들이 중앙정부의 지도아래 수행되고 과학적으로 평가하는 데에 사용되었다.

10여 개의 지방정부들이 부처 간 위원회에 범죄예방계획들을 위한 지원을 요청하였으며, 그 가운데 대표적인 다섯 가지의 범죄예방 프로그램은 아래와 같다:

- **공공교통수단의 감시제도:** 1970년대 이후로 네덜란드에는 무임승차자의 수가 늘어났고 이와 연계된 범죄들이 크게 증가하였다. 이에 대처하기 위해 지방정부에서는 감시원을 배치하였고, 무임승차자를 줄임으로써 무임승차시비에 따른 폭행 및 기물 손괴 사건을 현저하게 감소시켰다.

- **학교의 무단결석 방지 프로그램:** 학생의 학교 무단결석은 다른 비행을 야기하는 기회를 제공하는 중요한 원인이기도 하므로 이를 방지하고자 하는 프로그램을 실시하였다. 우선 각 학교에 컴퓨터를 사용한 무단결석 점검제도를 실시하여 학부모들이 무단결석한 학생이 결석한 당일 학교에 나와 학생의 결석에 대해 해명하도록 요청한다. 둘째, 무단결석을 점검하고 그와 연계된 학과목상의 문제와 사회문제를 담당하는 교육전문가를 임명하여, 정규교사들과 문제청소년에 대해 논의하고 그들을 선도하는 기술에 대해 자문한다. 그 다음으로는 그 교육전문가에게 3개월 동안의 특별프로그램을 운영하는 특별학급을 위탁하여, 이 과정을 이수한 후 일반학급으로 돌아가도록 하는 프로그램을 운영한다.

- **할트HALT프로그램:** 할트HALT는 대안 또는 대체[alternative]라는 의미의 네덜란드어 약자로서 손괴와 같은 경미범죄를 저지른 청소년을 기소하지 않고 다른 방법으로 처우하는 제도이다. 예를 들

어 청소년이 타인의 재산을 손괴하면 경찰은 이들을 할트사무국[HALT-bureaur]으로 보낸다. 여기서는 타인의 재산을 손괴한 청소년이 자신들이 손괴한 물건을 수리하도록 지시한다. 즉 이 복구작업이 기소를 대신하는 처벌로 간주되고, 만약 청소년들이 이 작업을 거부하거나 위반하면 검찰에서 공식적으로 사법처리절차를 진행한다. 할트HALT프로그램은 청소년들에게 범죄자의 낙인을 피할 수 있게 해주며, 검찰의 업무를 줄일 수 있고, 교육적인 효과를 거둘 수 있는 계기를 제공한다.

- **공공주택 개선계획:** 정부보조로 운영되는 집세가 저렴한 고층건물의 공공주택은 부패, 범죄, 낮은 기술수준, 집세체납의 고질적인 문제를 안고 있어, 이러한 환경을 개선하기 위한 프로그램을 시행하였다. 구체적으로는 청소년을 위한 새로운 오락시설 마련, 건물의 청결유지와 감독강화, 공원과 가로수 정비, 주거단위의 소형화, 모든 계획과 절차의 주민 공론화 등이다.

- **상가의 범죄예방:** 상가를 대상으로 한 범죄예방프로그램으로는 상점주인들에게 들치기 등 절도범에 대한 정보제공, 상점주인 상호간 보안담당 전자경보장치설치, 손괴에 대한 대안처벌 개발, 계획지원을 위한 캠페인 실시로 상가대상범죄 감소효과 등이다.

위에서 볼 수 있듯이 범죄예방을 위한 우선적인 형사정책은 형사사법당국이라기 보다 사회의 건강과 복지라는 거시적인 시각에서 출발하고 있음을 알 수 있다.

그동안의 형사처벌이 중하지 않은 범죄에 대하여서는 손해배상 등 재판전 화해제도에 의하여 비범죄화로 이끌었었다면, 최근의 네덜란드의 사법정책은 범죄억제, 적절한 개입, 신속성, 특별예방 등의 4가지 목표에 중점을 두고 상당한 예산이 법집행분야에 배정되어, 범죄를 억제하고 있다.

1.2 대마초의 합법화

네덜란드에서 1919년 최초의 아편법이 제정된 이래 대마초 합법화 논쟁의 가장 중요한 전환점은 1976년에 수정된 아편법[Opium Act]이다. 1976년 네덜란드에서 비록 정부의 부분적 통제가 있지만 처음으로 대마초 카페에서 대마초의 사용을 허용했다. 이 법의 핵심 내용은 두 가지이다. 하나는 개인이 소량의 대마초를 소지 혹은 사용하는 것에 대해 형사처벌하지 않는다는 것이고, 다른 하나는 대마초[1]를 구입 혹은 사용할 수 있는 소위 '대마초 커피숍[cannabis coffee shop]'의 허용이다. 이 법은 시간이 흐르면서 국내외적인 변수로 인해 규제가 강화되는 변화는 있었어도 기본적으로 개인의 대마초 소지와 사용 그리고 대마초 커피숍의 존재는 현재까지 변화하지 않고 있다. 이후 일부 유럽 국가와 미국의 여러 주에서 대마초 논쟁의 핵심은 전면 합법화보다는 주로 대마초의 의료적 사용과 非범죄화가 주류를 이루었다.[2]

- 대마초사용의 배경

1953년 수정된 아편법에 의해 네덜란드는 마약의 사용을 불법화했다. 그러나 60년대 서구사회에서 등장한 반항문화의 도구로 대마초가 사용되었고,[3] 60년대 말 젊은이들의 대마초 사용의 급증에 대해 형사사법기관은 처음에는 엄격한 처벌위주의 억압적 정책을 실시했으나, 70년대 초반 헤로인 사용의 급증에 따라 형사사법기관들은 대마초보다는 헤로인 단속에 집중하게 되었다. 결국 형사사법기관들은 헤로인과 같은 하드 마약과 대마초와 같은 소프트 마약에 대한 불법시장을 구분하면서 점차적으로 공중보건에

1 대마초의 화학적 주성분은 THC(Δ9-Tetra-Hydro-Cannabinol)이다. 해시시는 대마초의 꽃 부분 혹은 꽃과 잎 부분만을 응축해 만든 것으로 THC가 보통 20%이다. 2012년 이후 네덜란드에서 사용되는 대마초의 THC 성분은 15% 이하만 판매가 가능하다.

2 자세한 내용은 박진실, 「대마초 합법화 논쟁: 미국과 네덜란드 사례의 비교분석」, 경찰법연구 제15권 제2호(2017), 245 이하.

3 미국에서 부르주아문화에 대항하는 반항문화의 일환으로 히피운동이 있었다면 네덜란드의 경우 1965년에 등장한 폭력적이고 반항적인 젊은이를 의미하는 프로보운동(Provo movement)이 있었다.

더 해로운 전자의 단속에 우선순위를 두었다. 또한 미국과는 달리 네덜란드 정부는 프로보 운동에 대해 처음에는 억압적 태도를 보였지만 점차 실용적이고 관용적인 입장에서 지켜보며 기다리는 태도[wait-and-see attitude]를 유지하였으며, 이러한 기본입장은 70년대 초반 네덜란드 대마초 논쟁에 그대로 적용되었다. 1976년 아편법을 수정하기 전까지 네덜란드는 대마초를 헤로인, 코케인, 암페타민, LSD와 같은 '받아들일 수 없는 위험[unacceptable risk]'과 구별하여 '받아들일 수 있는 위험'으로 인식하고 동시에 개인에 의한 대마초의 재배, 생산, 교역은 금지시켰다.

네덜란드의 이러한 마약정책은 실용적, 현실적, 실천적, 관용적, 인간적 접근방법이다. 이는 마약사용 및 남용의 문제를 경찰 및 정의의 문제로 인식하기보다는 보건 및 사회적 복지의 문제로 인식함을 의미한다. 이 때문에 해악감소를 근간으로 하는 네덜란드 대마초 정책을 소위 '네덜란드 모델[a Dutch model]'이라고 평가한다.

- 1976년 아편법의 특징

1976년 아편법은 다음과 같은 네 가지로 중요한 특징을 지니고 있다:

①대마초의 비형벌화와 같은 이슈의 脫정치화로 정책의 과학화, ②마약통제를 위한 법집행에 대한 부정적 효과의 최소화와 마약사용의 결과로 나타나는 피해를 감소시킨다는 공중보건 차원의

해악감소, ③마약사용의 현실적 문제를 받아들이고 마약중독자도 일반인과의 '격리'가 아닌 '함께' 살아갈 수 있다는 신념으로서의 정상화, ④마약 생산과 밀매는 형사상 처벌하되 대마초와 같은 소프트 마약의 경우 소량의 개인적 소지 및 사용은 30g까지 허용하는 비형벌화이다. 반면 헤로인, 코케인, 암페타민, LSD와 같은 하드마약의 사용을 조직범죄 차원의 전문적 범죄성으로 간주하여 형사처벌한다.

- 아편법의 내용변화

1976년 이래 네덜란드의 대마초 정책은 많은 비판과 논쟁을 일으켰다. 독일과 벨기에 그리고 미국은 네덜란드가 대마초 관광의 중심부로 부상했다는 사실과 마약을 유통시키는 조직범죄의 온상이라고 비판했다. 또한 네덜란드의 중요한 사회문제 중 하나는 여러 마약을 사용하는 길거리 마약중독자들의 수가 늘어난다는 것이다. 이러한 현상에 직면하여 네덜란드는 마약정책을 지속적으로 수정하지 않을 수 없었다. 그 대표적인 대책으로 1979년 국가차원의 '마약사범의 수사 및 기소에 대한 가이드라인[the Guidelines for the Investigation and Prosecution of Drug Offences]'이 만들어졌다. 소위 AHOJ-G라고 불리는 규칙은 광고 금지[no advertising], 하드마약의 판매 금지[no hard drugs], 공공소란 금지[no public nuisance], 미성년자에게 판매 금지[no minors], 판매량 초과 금지[no large quantities] 등이다. 네덜란드는 1999년 아편법을 수정하여 전문적 비즈니스 차원의 대마초 재배를 불법화했다.

네덜란드의 대마초 정책에 대한 지속적인 비난과 논쟁은 2008년 대마초커피숍에 대한 폐지관련 의회 논쟁으로 비화되었다. 이런 논쟁은 2009년 대마초 카페에서 담배흡연을 금지시키고 또한 학교에서 200m 내 근거리에 위치한 대마초 카페는 폐쇄시켰다. 또한 2010년 EU사법재판소는 마약관광을 근절시키기 위해 독일과 인접한 네덜란드의 국경도시Masstricht에서 외국인에게 대마초를 판매하는 것을 금지시켰다.

이에 더해 네덜란드는 2011년 새로운 법을 제정하여 네덜란드 영토 내에서 외국인에게 대마초를 판매하는 것을 금지시키고 2012년부터 집행했다. 2012년부턴 집행되는 새로운 법적 조치로 인해 네덜란드에서 대마초 커피숍의 숫자가 지속적으로 감소하고 있다. 정부의 새로운 조치에도 불구하고 2012년 암스테르담 시장의 권한으로 수도에서는 여전히 18세 이상이면 대마초를 판매하는 이중적인 모습을 보이고 있지만 네덜란드에서 대마초 정책은 점차 보수화되어가는 경향을 띄고 있다.

1.3 안락사

명시적으로 안락사를 합법화하고 있는 나라는 네덜란드를 비롯하여 벨기에, 미국 오리건 주 등을 들 수 있으며, 사실상 합법화하고 있는 나라로서 스위스 정도를 들 수 있다. 그 중 최초로 안락사를 인정한 나라이며 대표적인 입법례로 언급되는 나라는 네덜란드이다.

1886년 발효된 네덜란드 형법은 안락사를 형사처벌 받아야 할 범죄로 규정하고 있었다. 최초로 안락사 허용의 기준을 제시한 판결은 1973년 중병에 걸려 자신의 생명을 종결시켜 달라고 반복해서 요청하는 어머니를 치사량에 이르는 모르핀을 주사하여 살해한 여의사 사건이다(소위 G.E. Postma-van Boven 사건). 이에 의하면 타인의 생명종결은 ①환자가 질병 또는 사고로 치료 불가능한 상태에 있을 때, ②환자가 견디기 어려운 신체적 또는 정신적인 고통을 겪고 있을 때, ③환자가 자기 생명을 종결시키기를 원하는 의사를 표현할 때, ④생명종결을 위한 시술이 의사에 의하여 이루어질 때 허용될 수 있다. 이 판결은 의사에 의한 생명종결행위가 허용될 수 있는 실체적·절차적 조건들을 최초로 제시했다는 점에서 큰 의미를 갖는다.[4]

---

4 이주희/조한상,「네덜란드의 안락사」, 법과 정책연구 제10집 제3호(2010.12), 1009 이하.

이후 1984년 골반골절로 침상에 누워 더 이상 먹거나 마실 수 없는 상태가 되어 의식이 오락가락하는 98세의 환자의 요청에 의해 환자의 자살을 조력한 의사의 형사처벌이 문제가 된 사건(소위 P.L. Shoonheim 사건)에서 네덜란드 대법원은 다음과 같은 엄격한 요건 하에서 환자의 명시적 요청에 의한 생명종결이 허용될 수 있다고 하였다. ①인간 존엄성의 중대한 손상 또는 이미 더 이상 견디기 힘든 상태에 다다른 고통의 악화가 예측가능하고, ②존엄한 죽음을 맞이할 수 있는 가능성이 없으며, ③고통완화를 위한 치료법이 존재하지 않을 때. 이후 네덜란드 대법원은 1994년 Chabot 사건에서 순수하게 심리적인 고통도 환자의 안락사를 정당화할 수 있다는 의견을 내놓았다.

1973년 이후 약 30년간 안락사와 관련된 판례가 지속적으로 축적되었으며[5] 안락사를 합법화해야 한다는 주장이 점점 많은 지

5 의사가 아닌 일반여성이 AIDS에 감염된 친구의 요청에 따라 생명을 중단시킨 사안에서 1995년 그로닝겐 지방법원(Groningen District Court)과 르외르덴(Leeuwarden Court of Appeal) 상소법원에서 유죄를 선고한 가 있으며, 암스테르담 상소법원(Amsterdoam Court of Appeal)은 중증의 장애를 갖고 견딜 수 없는 고통에 괴로워하는 신생아의 생명을 양친의 요청으로 생명을 중단시킨 2인의 의사에게 무죄를 선고한 예도 있다. 2000년 하르렘 지방법원(Haarlem District Court)은 86세의 상원의원의 생명을 환자 자신의 요청에 의하여 중단시킨 의사에 하여 무죄를 선고 하는데, 상원의원의 의사표시는 자신은 이미 모든 생을 다 살았으며, 이제 삶에 지쳐 죽고싶다고 하는 것이 그것이었다.

지를 받게 되었다. 1998년 진보적 성향의 정부가 들어서면서 마침내 요청에 의한 생명종결 및 조력자살(심의절차)법(Wet toetsing levensbeëindiging op verzoek en hulp bij zelfdoding; 약칭 WTL)이 2002년 4월 발효되었다.[6]

WTL은 환자의 요청에 의해 생명을 종결하거나 타인의 자살을 조력한 의사의 형사 책임을 면제해주는 주의의무 요건을 판례에서 제시된 안락사의 허용기준을 충실히 반영하여 제2장에서 규정하고 있다.

제2장 제2조에서 규정하고 있는 요건에 의하면 ①환자의 요청이 자발적이고 충분히 숙고한[well-considered] 것이었음을 확신하고, ②환자의 고통이 지속적이고 참을 수 없는 정도라는 것을 확신하고, ③환자가 처해있는 상황 및 앞으로의 예후에 대한 정보를 제공하고, ④환자가 자신이 처한 상황을 해결해 줄 수 있는 어떠한 방법도 존재하지 않는다는 것을 확신하고, ⑤환자를 진찰하고 앞의 ①-④에서 언급된 주의의무 요건에 대한 소견을 서면으로 제출한 최소한 1인 이상의 독립된 의사와 상담하고, ⑥주의의무를 다하여 생명을 종결시키거나 자살을 조력한 의사는 형사처벌을 받지 않는다.

제3장에서는 안락사 실행 이후의 절차, 즉 안락사 사례의 심의에 대하여 자세하게 규정하고 있다. 제3장의 주요내용을 살펴보면, 안락사법에 규정된 주의의무 요건을 준수하여 안락사를 실행한 의사

6 자세한 내용은 이주희/조한상, 앞의 논문, 1016 이하.

들이 해당 사례를 시립검시관에게 보고한 경우, 그 내용을 심의하기 위한 주체로서 지역심의위원회[Regional Review Committees]를 설치한다. 심의위원회는 위원장이 될 법률전문가 1인, 의료전문인, 심리학자, 윤리 또는 철학영역의 전문가로 구성되며, 의사가 제출한 안락사 보고서에 기초하여 의사의 주의의무위반 여부를 심의한다. 심의결과 의사가 주의의무요건을 위반한 것으로 판단할 경우, 심의위원회는 이를 기소담당기관인 행정수석기소위원회와 지역보건의료 검사관[the regional health care inspector]에게 통보하여야 한다. 이 밖에 심사위원회의 구성, 임기, 해임, 보수, 의무와 권한, 운방식, 연간활동보고 등에 관한 내용이 상세하게 규정되어 있다. WTL법의 제정으로 인하여 형법도 안락사를 허용하는 내용으로 개정되었다.[7]

7 안락사와 조력 자살을 엄격하게 금지하고 있었던 기존의 네덜란드 형법은 다음과 같이 개정되었다:

형법 제293조

1. 타인의 명시적이고 진지한 요청에 의하여 타인의 생명을 종결시킨 자는 12년 미만의 징역형 또는 5번째 범주의 벌금형에 처한다.
2. 본조 제1항에서 규정한 행위는 이 행위가 요청에 의한 생명종결과 조력자살법 제2조에서 열거한 주의의무를 다한 의사에 의해 실행된 경우에는 그리고 해당 의사가 장례법 제7조 제2항에 의거하여 시립검시관에게 그 행위에 대하여 보고한 경우에는 범죄를 구성하지 않는다.

형법 제294조

1. 고의로 타인에게 자살을 교사한 자는 자살의 결과가 발생한 경우 3년 미만의 징역형 또는 4번째 범주의 벌금형에 처한다.
2. 고의로 타인의 자살에 조력하거나 자살의 수단을 제공한 자는 자살의 결과가 발생한 경우 3년 미만의 징역형 또는 4번째 범주의 벌금형에 처한다. 제293조 제2항은 준용된다.

WTL에 근거하여 만들어진 다섯 개의 지역심의위원회[RTEs]는 연간 약 2,000건의 사례를 심의하고 있다. 법 위반으로 판단한 사례는 매우 소수여서, 법 시행 이후 총 15개 사건에 불과하다. 보고된 사례 중 대략 6%에서 심의위원회는 의사와 상담자 등에게 추가자료를 요청하고 있다. 심의위원회가 법위반으로 판단한 사례는 검찰로 이송된다.

참고 – 우리의 연명시술 중단 문제

우리나라에서 안락사의 문제는 연명시술 중단의 문제와 같은 차원에서 혼동하여 논의되거나 네덜란드 등 서구의 경우와 달리 상대적으로 아직 활성화되고 있지는 않아 보인다.

연명시술 중단 또는 치료중단은 이미 시행중인 인공호흡기 등 연명시술을 중단하는 것으로 엄격한 의미에서 안락사와는 구분된다. 안락사는 환자 상태 및 안락사의 방법에 따라 여러 가지로 구분할 수 있다. 그 중 순수한 안락사는 예컨대 임종의 고통을 제거하기 위하여 적당량의 진정제 또는 마취제를 사용함으로써 생명의 단축을 수반하지 않고 자연히 사망케 하는 경우와 같이 생명단축을 초래하지 않는 안락사로서 고통을 완화하는 치료행위와 환사의 사망 사이에 직접적인 인과관계가 인정되지 않는 경우를 말한다. 본래 의미의 안락사라고도 한다.

그러나 문제가 되는 안락사는 적극적 안락사로서 예컨대 환자의 혈관에 공기를 주입하여 공기전색을 야기시켜 사망케 하거나 약물을 이용하여 고통을 제거하기 위한 치료적 처치의 부작용으로서 환자가 사망하는 것이 아니고, 환자의 생명을 끊음으로써 고통을 해결시켜 주는 안락사를 말한다. 이 경우가 안락사와 관련하여 많은 논란을 야기하는 것이다.

고령화 사회로 빠르게 진입하고 있는 우리나라도 2009년 5월 21일 대법원 판결(대법원 2009. 5. 21. 선고 2009다17417)에 의하여 환자의 연명을 위한 의료 장치 등을 제거하였으나 환자 스스로 안정인 호흡으로 연명함으로서 충분한 논의과정 없이 결론을 내린 대법원은 물론 병원의 환자에 한 과잉진료 등을 둘러싸고 사회적 논란을 야기하게 되었다.

대법원은 "존엄사를 인정하는 근거를 자기결정권 즉, 환자의 동의에 두고 있다. 환자의 동의는 헌법 제10조에서 규정한 개인의 인격권과 행복추구권에 의하여 보호되는 자기결정권을 보장하기 위한 것으로서, 환자가 생명과 신체의 기능을 어떻게 유지할 것인지에 대하여 스스로 결정하고 진료행위를 선택하게 되며 의료계약에 의하여 제공되는 진료의 내용은 의료인의 설명에 근거한다"라고 한다.

본 사건의 원심인 서울 고등법원은 "치유가 불가능한 말기환자의 경우 자기결정권에 의하여 연명치료를 중단할 수 있는가의 여부도 불분명한 현실에서 구체인 법적 근거도 마련되어 있지 않으므로, 이에 대한 법적 청구가 가능한지의 여부가 불분명하며, 무의미한 연명치료 장치를 중단한다는 명목으로 회생가능성이 있는 환자에 대하여 고의 또는 오판으로 치료를 중단하게 됨으로써 환자의 사망을 초래할 수 있는 가능성도 있으므로 관련된 사안마다 사건화 하여 법원의 판단을 받는 것도 비현실적"이라고 지적하면서, "사회일반인이나 의사 등 이해관계인의 견해를 폭넓게 반영하여 연명치료 중단 등에 관한 일정한 기준과 치료중단에 이르기까지의 절차, 방식, 남용에 대한 처벌과 대책 등을 규정하는 입법이 요구된다"(서울고등법원 2009. 2. 10, 2008나116869 판결)고 하여 향후 관련 입법에 대한 제정의 가능성을 언급하였으며, 향후 이에 대한 다양한 논의가 전개될 것으로 전망된다.

참고로 근래 연명치료 중단을 확인한 대법원 판결로는:

(대법원 2009.5.21. 2009다17417 전원합의체) 환자의 의사를 확인할 수 있는 객관적인 자료가 있는 경우에는 반드시 이를 참고하여야 하고, 환자가 평소 일상생활을 통하여 가족, 친구 등에 대하여 한 의사표현, 타인에 대한 치료를 보고 환자가 보인 반응, 환자의 종교, 평소의 생활 태도 등을 환자의 나이, 치료의 부작용, 환자가 고통을 겪을 가능성, 회복불가능한 사망의 단계에 이르기까지의 치료 과정, 질병의 정도, 현재의 환자 상태 등 객관적인 사정과 종합하여, 환자가 현재의 신체상태에서 의학적으로 충분한 정보를 제공받는 경우 연명치료 중단을 선택하였을 것이라고 인정되는 경우라야 그 의사를 추정할 수 있다.

(대법원 2016.1.28. 2015다9769) 의학적으로 환자가 의식의 회복가능성이 없고 생명과 관련된 중요한 생체기능의 상실을 회복할 수 없으며

환자의 신체상태에 비추어 짧은 시간 내에 사망에 이를 수 있음이 명백한 경우에 이루어지는 진료행위는 원인이 되는 질병의 호전을 목적으로 하는 것이 아니라 질병의 호전을 사실상 포기한 상태에서 오로지 현 상태를 유지하기 위하여 이루어지는 치료에 불과하므로, 그에 이르지 아니한 경우와는 다른 기준으로 진료중단 허용 가능성을 판단하여야 한다. 그러므로 회복불가능한 사망의 단계에 이른 후에 환자가 인간으로서의 존엄과 가치 및 행복추구권에 기초하여 자기결정권을 행사하는 것으로 인정되는 경우에는 특별한 사정이 없는 한 연명치료의 중단이 허용될 수 있다.

1.4 네덜란드 범죄의 특징

- 외국인 범죄

네덜란드는 2차 세계대전 후 호황기를 맞아 경제를 부흥시킬 시기에 산업인력을 충당하기 위해 많은 외국인들을 받아들였다. 이들이 네덜란드에 거주하게 되면서 이들 대부분은 모로코, 터키 그리고 네덜란드 식민지였던 수리남이나 인도네시아에서 온 사람들이다. 그 외 아시아의 대표적인 상인으로 꼽히는 중국인 역시 네덜란드에서 많은 수를 차지하고 있다. 전 인구의 18% 정도 되는 외국인들은 전체범죄의 약 40%에 육박하는 범죄율을 보이고 있어 네덜란드의 외국인 범죄문제는 심각한 수준이라고 할 수 있다.

- 국제조직범죄

네덜란드 내 국제 조직범죄단체의 현황을 살펴보면, 암스테르담 홍등가의 90%를 장악하고 있는 구 유고슬라비아 범죄조직, 네덜란드 식민지였으며 많은 수의 조직원을 거느리고 있는 수리남 범죄조직, 유럽과 아프리카 사이에 위치하고 네덜란드에서 많은 하위 노동계층을 장악하고 있는 모로코 범죄조직, 그리고 중국 마피아 등이 있다. 이들은 불법적인 일을 통해 돈을 벌어들인 후 그 돈을 합법적으로 투자하여 회사를 설립하는 등 복잡한 절차를 통해 법망을 교묘하게 빠져 나간다. 이 조직범죄는 두 가지 형태로 나눠진다. 하나는 기생형태의 조직범죄이며 하나는 공생형태의 조직범죄이다. 기생 관계에 해당하는 조직범죄단체는 사업체에서 보호비를 받는 형태로 범죄 집단이 일방적인 위해를 가하면서 이익을 취하는 것으로 대표적으로는 중국마피아가 여기에 해당한다. 이들의 특징은 대체로 네덜란드 국민에겐 해를 끼치지 않고, 자국민의 사업에만 관여함으로써 철저히 자신들의 입지를 유지해 나가려 하고 있다. 공생관계에 해당하는 조직범죄는 돈세탁 등과 같은 방법으로 돈세탁을 한 후 일정한 수수료를 취하는 형식으로 돈세탁을 맡는 사람들 역시 이익을 취하게 된다. 이러한 유형들은 조직적으로 잘 정비되어 있으며 때론 국가기관과 관계를 맺고 활동하기도 한다. 여기에 해당되는 조직범죄 집단은 주로 모로코 범죄조직으로 모로코 정부와 긴밀한 관계를 맺고 네덜란드에서 활동한다. 이들은 이미 네덜란드에서 자신들의 구역을 확정해 놓고 있기 때문에 조직 간의 갈등은 그리 크지 않지만 네덜란드의 큰 사회문제로 대두되고 있다.

1.5 네덜란드 형사정책의 특징

- 간척지 모델[Polder Model]에 의한 공조체제[8]

네덜란드 사회의 특징을 나타내는 것 중 대표적인 것은 간척지 모델이다. 간척지 모델이란, 네덜란드의 30%는 해수면보다 낮은 간척지이고 이러한 네덜란드의 지형적 특징은 강의 하구에 해당하는 삼각주이기 때문에 바다의 깊이가 그리 깊지 않아 고대부터 그들이 물에 살았는지 땅에 살았는지 모를 정도로, 사람들은 땅에서 살기 위해 낮은 바다를 간척해왔다. 바다를 간척한 후 물을 제거하기 위해 많은 수로와 운하를 만들었다. 이 제방을 지키는 일은 종교, 성별, 정치적 신념과 관계없이 모든 사람들이 동참해서

8 자세한 내용은 유동익, 「네덜란드의 형사정책」, EU연구 제18호(2006), 107 이하.

하게 되는데, 자신들의 존립에 관한 문제이기 때문에 서로 협력해서 일을 해나가는 것을 네덜란드의 간척지 모델이라고 한다.

이러한 정책은 네덜란드 범죄예방정책에도 사용되고 있으며 그 중 대표적인 것이 있다면 네덜란드의 도시방범[Stadwacht]제도이다. 도시방범정책은 네덜란드가 석유파동으로 경제적인 위기를 맞게 되자 사회적으론 실업문제 그리고 생활고에 시달린 사람들에 의한 생계형 범죄의 증가 등을 유발시켰다. 이러한 문제를 해결하기 위해 네덜란드 내무부, 법무부 그리고 경제부는 서로 협력해서 범죄예방정책을 만들었는데 그 중 대표적인 것이 도시방범제도이다. 경찰인력이 부족한 네덜란드에 경찰보단 직급이 낮은 방범조직을 만들어 치안을 유지하도록 하였다. 방범이란 새로운 직업을 창출하여 실업난을 극복하고 치안보조임무를 수행함으로써 범죄가 줄어들게 되었다. 이처럼 3개 정부부처 간의 협력으로 경제부의 주된 임무인 실업이 줄어들게 되었으며, 법무부의 주된 임무인 범죄 또한 줄어들어 네덜란드 사회가 안정되므로 인해 내무부도 안정되었다. 서로 다른 성격의 정부부처지만 서로 협력해서 대책을 세우는 네덜란드의 형사정책은 네덜란드만의 독특한 지역적 역사적인 부산물이라 할 수 있다.

- 복지주의

네덜란드는 사회복지국가로도 유명하다. 복지국가 형사정책의 가장 큰 목적은 범죄자의 수를 줄이기 위해 범죄행위에 초점을 맞추는 것이 아니라, 범죄의 동기에 중점을 둔다. 왜 범죄를 저지를 수밖에 없는지 그 상황을 이해하여 그 범죄가 다시 발생하지 않도록 원인을 해결하는 노력을 기울이는 것이 복지주의에 입각한 형사정책이다. 생활고로 인해 범죄를 저질렀을 경우 국가는 당연히 그 생활고를 해결해주고 새로운 일자리를 창출해 범죄의 유혹에서 벗어나도록 도와주는 것이 복지주의에 입각한 형사정책이다. 이를 실현시키기 위한 한가지 근본적인 복지정책으로는, 네덜란드에 도착한 외국인에 대하여 국가가 비용을 들여 네덜란드 시민화 교육[Inburgelingscursus]을 시킨다. 이 교육은 네덜란드에서 생활하는데 가장 기본이 되는 언어에서부터 네덜란드 사회, 문화 다방면에 걸쳐 1년간 의무적으로 실시된다. 그리하여 범죄를 미리 차단을 하고 범죄의 결과보다는 원인을 분석해서 해결하려는 네덜란드의 복지주의 범죄 정책은 선진국 형사정책의 좋은 본보기라 할 수 있다.

- 관용주의[Gedogen beleid] 정책

네덜란드 헌법에서 강조하고 있는 평등과 자유 그리고 관용을 실현하는 네덜란드의 독특한 형사정책은 관용정책이다. 이 관용정책의 대표적인 예를 들자면 바로 마약정책과 안락사 정책일 것이다. 네덜란드는 마약문제를 형사사법적인 문제로 삼기보다는 국민보건측면의 시각에서 출발한다.

- 실용주의정책

네덜란드 형사정책의 기본은 범죄를 예방하고 사회질서를 유지하는 것이지만 너무 많은 재정이 소모된다면 재고할 수 밖에 없다. 네덜란드 감옥에 수감되어있는 수형자 한 사람에게 들어가는 비용이 하루 200달러에 이르므로 늘어가고 있는 교도소유지에 대한 재정적 부담이 아주 크다. 따라서 교정시설 관리유지를 대체할 수 있는 형사정책적 대책을 수립하였었는데 바로 벌금형과 사회봉사 형벌을 선고하는 것이다. 사회봉사 형벌이나 벌금형을 선고받은 범죄자들의 재범율이 자유형보다 높지 않는다는 점에서 실용적인 형사정책이라고 할 수 있다.

02

네덜란드 형법

2.1 역사

네덜란드 형법전의 역사는 1811년에 시작되었다. 그 당시 네덜란드 왕국은 프랑스 제국에 합병되었으며, 1809년부터 시행되어온 네덜란드 왕국의 형법전은 프랑스 나폴레옹 형법전으로 대체되었다. 1813년 프랑스로부터 독립되었음에도 불구하고 프랑스 형법전은 잠정적으로 그 효력을 유지하였다. 19세기 이후에는 형벌체계에서 국외추방과 종신노동형이 폐지되는 등 상당한 변화가 있었다.

1813년 네덜란드 헌법[1]에 따라 제정된 네덜란드 형법전은 19세기를 거치면서 몇몇의 형법초안이 제안되었다. 그러나 형사제재

1 네덜란드의 헌법상 기본권은 고대 그리스로부터 중세 르네상스를 거쳐 근대에까지 이어오는 네덜란드의 기본 정신인 관용과 평등의 정신을 반영하고 있다. 어떠한 여건에서도 유지하고자 하는 헌법의 기본정신이라고 할 수 있는 첫째 원칙은 네덜란드 헌법 제1조에 규정된 평등권이다 네덜란드 헌법 제1조에는 '네덜란드에 거주하고 있는 모든 사람들은 동등한 상황에서 동등한 대우를 받으며 종교, 신념, 정치적 성향, 인종, 성별, 혹은 어떠한 차별도 금지한다("Allen die zich in Nederland bevinden, in gelijke gevallen gelijk behandeld. Discriminatie wegens godsdienst, levensovertuiging, politieke gezindheid, rad, geslacht of op welke grond dan ook, is niet toegstaan.")라고 규정하고 있다. 이 네덜란드 헌법 제1조는 네덜란드를 이끌어가는 가장 기본 원칙이며 이 기본 평등 원칙을 바탕으로 네덜란드의 모든 법이 적용되고 있다. 헌법 제1조는 네덜란드 법의 자랑이며 자부심이었다. 2002년 네덜란드에 창립된 신당 LPF의 당수 핌 뽀르따윈(Pim Fortuyn)은 극우파로 네덜란드에 있는 외국인들을 동등하게 대우하지 말고 헌법 제1조를 삭제하자는 발언을 한 후에 저격을 당할 정도로 네덜란드 국민들은 자신들이 추구하는 헌법 제1조 평등규정에 강한 자부심을 가지고 있다고 전해진다.

체계와 감옥시스템에 대해서 국회의 동의를 얻지 못하고 표류하였다. 그럼에도 불구하고 형사제재에 관해 몇 가지 중요한 개정이 있었는데, 다양한 형태의 자유형, 벌금, 자격정지, 몰수 등의 선고형이 축소되었다. 1856년 신체형이 폐지되었고 1870년 사형이 폐지되었으며 1864년 벌금체납구금제도가 도입되었다. 사실 프랑스 형법전에 만연하던 고전학파 사상들은 점점 현대학파의 사상들로 대체되어갔다.

대부분 17세기에 지어진 네덜란드 감옥들은 현대학파의 사상과는 맞지 않았다. 당시 감옥체제는 재교육에 초점이 맞춰져 매우 가혹했으며, 초범과 상습범을 구분하지 않았고, 공동수용된 수감자들에게 해로운 효과를 미치는 것이었다.

1823년 몇몇의 시민에 의해 현재 보호관찰제도의[2] 선구자로서 '수감자를 위한 도덕적인 개선 협회'가 설립되었다. 협회의 목표는 수감자들을 도덕적으로 진전시키는 것이었다. 협회의 자원봉사자들은 방문, 교육조치, 종교강의, 도서보급 등을 통해 감옥의 형편없는 환경 때문에 야기되는 도덕적 붕괴의 위협과 싸우려고 노력하였다. 협회는 국회가 감옥의 독방체제를 채택하는 데에 중요한 역할을 하였다.

---

2 영미법상 보호관찰은 두 종류로 구분되는데 Probation은 보호관찰부 형의 집행유예를, Parole은 보호관찰부 가석방을 의미한다.

1870년 형법개정위원회가 구성되어 1879년 방대한 주석서와 함께 형법개정초안을 국회에 제출하였다. 이 초안은 1881년 채택되었으나 여타 법률들의 개정과 우선 새로운 독방체제의 감옥들이 지어져야했기 때문에 1886년 발효되었다.

2.2 주요 형법개정

1886년 이후로 형법전은 상당한 변화가 있었다. 예를 들어 차별대우, 사생활 침해, 환경오염, 대리모, 스토킹, 가상공간에서 아동포르노, 컴퓨터 범죄 등이 형법전에 새로이 등장하였다. 반면 간통이나 16세 이상의 동성애, 낙태 및 피의자 승낙에 의한 적극적 안락사, 소극적 안락사(자살방조) 등은 일정한 요건을 충족하면 더 이상 처벌을 받지 아니하였다.

형법개정의 주요한 내용들을 살펴보면, 1965년과 1995년 소년형법, 1987년 형사판결에 있어 각종 유예제도의 확대, 1987년 조기석방의 도입, 1983년 벌금형의 개혁, 1989년에서 2001년 사이 사회봉사 형벌과 사회공동체 신고형 도입, 1976년 법인의 형사책임, 1986년에서 2002년 사이 공공도덕에 대한 심각한 범죄들, 1994년 음모의 도입, 1993년에서 2001년 사이 몰수와 보상명령 그리고 지속적인 마약중독 범죄자에 대한 구금명령 등이다.

1989년 도로교통범죄의 행정법에 의해 형법상 범죄로 분류되던 가벼운 도로교통범죄는 행정위반행위로 되었다.

2.3 형법전의 특징

프랑스 형법과 비교해 보았을 때, 네덜란드 형법전은 단순함, 실질성, 사법부에 대한 신뢰, 평등원칙고수, 특정 종교적 영향력의 배제, 자발적인 법의식의 인정 등으로 특징된다. 형법상 범죄는 범죄와 단순위반행위로 구분되고 그에 대한 형사제재는 징역, 단기자유형, 사회봉사형벌[task penalty], 벌금의 4종으로 단순하다. 네덜란드 형법전은 심각한 범죄에 대한 형벌의 단기가 정해져 있지 않아 사법부의 판결에 광범위한 재량의 권한이 주어져 있어, 사법부를 얼마나 신뢰하는지를 알 수 있다. 또한 네덜란드 형법전은 도그마틱의 속성에 따른 다양한 형태의 책임능력, 인과관계, 정당행위(방어) 등의 구별과 정의규정을 포함하고 있지 않아, 매우 실용적이라 할 수 있다.

2.4 형법전의 구성

네덜란드형법전은 3개의 편장으로 구성되어 있다.

제1편장은 총칙으로 형법이 적용되는 범위, 형벌과 보안처분, 정당행위, 미수와 공범, 범행참여 형태에 따른 형사상 책임의 범위, 경합범의 경우 판결, 공소시효, 일사부재리의 원칙 등을 규율한다.

네덜란드의 범죄는 서구형법의 전통에 따라 사회적으로 법익침해가 중대한 범죄인 중죄[misdrijven]와 범죄의 법익침해정도가 그리 심하지 않은 경죄[overtreding], 그리고 사회범죄로 나누어진다. 또한 각종 형사특별법도 구비되어있다.

제1편장에는 죄형법정주의 등 형법의 기본원칙과 형벌(제1조-제91조), 제2편장에는 중죄(제92조-제423조), 그리고 제3편장은 경죄(제424조-제479조)가 규정되어 있으며 침해되는 보호법익과 객체에 따라 아래와 같이 나누어진다.

형법각칙은 신체에 관한 범죄, 재물에 관한 범죄, 그리고 공익침해에 관한 범죄로 대분된다.

신체에 대한 범죄에 해당되는 것은 강간(제242조), 명예훼손(제246조), 여러 가지 성에 관한 범죄(제243조, 제244조, 제245조, 세247조, 제248조, 제249조, 제250조), 협박(제285조), 생명에 관한 범죄(제287조-제291조), 추행(제300조-제306조), 과실치사상해죄(제307조-제309

조), 폭력을 동반한 절도(제312조), 강도(제317조), 그 외 폭력에 관한 범죄(제293조 내지 제297조) 등이다. 재물에 대한 범죄는 통화 위변조죄(제208조-제235조), 단순절도죄(제310조), 특수절도죄(제311조), 횡령죄(제321조-제323조) 공갈(제326조-제337조), 장물취득죄(제416조-제417조)이다. 공공법익에 대한 침해에 해당되는 범죄는 공공질서 문란죄(제131조-제136조), 차별에 관한 죄(제137 c조 내지 제137 g조), 방화 등 어떠한 형태로서의 개인이나 공공질서에 대한 침해 죄(제157조-제158조), 공무원이나 재판관을 매수하는 등 공권력에 관한 죄(제177조-제206조), 풍기 문란죄(제239조), 기물 손괴죄(제350조-제352조) 등이 있고, 이 외에도 각각의 범죄 아래 더 세부적인 범죄들이 세분되어 규정되어 있다.

2.5 소년형법

네덜란드는 소년범에 대한 특별법이 없지만 형법전은 본질적으로 소년범에게 부과할 수 있는 제재 등 소년범에게 적용되는 특별규정을 두고 있다.

2.6 주요 형사특별법

네덜란드 형법전은 형법 위반행위를 모두 규정하고 있는 것이 아니라, 경제형법, 도로교통법, 마약류 위반법, 무기와 탄약에 관한 법률, 군형법 등 다른 여러 가지 부수법률이 형법을 보충하고 있다.

- 네덜란드 도로교통법에 규정된 주요한 범죄는 크게 세 가지로 구분할 수 있다. 첫째는 음주운전에 관한 죄이며(제26조), 둘째는 사고 후 도주죄(제30조) 그리고 기타 도로교통질서 위반에 관한 범죄들이다.

- 군형법과 군인법

네덜란드 군형법은 1903년 4월 제정되었다. 모두 세 개의 편장 그리고 170개 조문으로 구성된 군형법은 네덜란드 군인에 대한 형벌을 규정하고 있다. 제1편장은 네덜란드 군형법의 기본원칙(제1조-제76조)을 규정하고 있으며, 제2편장에는 중죄(제77조-제166조)를, 그리고 제3편장에는 경죄(제167조-제170조)를 규정하고 있다. 차별을 금지하고 있는 네덜란드에서는 대개의 경우 일반 형법을 적용하고 전시상황과 같은 특별한 상황에서의 민간인이나 네덜란드국경 외의 전쟁터에 파견된 군인들에 한정하여 군형법을 적용한다. 중죄에 해당되는 범죄는 국가안보에 관한 죄(제77조-제83조),

적대국과 관계를 맺어 국가에 위협을 가하는 행위(제84조-제95조), 임무 면탈죄(제96조-제114조) 군작전 방해죄(제115조-제124조) 그리고 명령불복종 등을 규정하고 있다. 특이한 점은 네덜란드 군인들은 범죄행위를 요구하는 어떤 명령에도 복종하기를 거부해야 하는 의무가 있다.

네덜란드의 국방에 관한 법률은 수차례 개정을 거쳤지만, 최근에 가장 중요한 변화는 1997년 일반적인 병역의무의 폐지이다. 정치가들과 군대의 견해에 의하면 오늘날 필요한 기술수준으로는 더 이상 병역의무를 유지할 필요가 없다는 것이다. 다른 측면으로는 시민의 권리를 심하게 침해하며 그에 대해서 현재 변화된 안보 필요성은 이전과 다르다고 판단한 것이다. 이러한 개혁과 변화들은 동시에 군인들의 법영역과 법적보호의 정도를 현저하게 개선시켰다. 또한 헌법상 평등의 원칙은 군인을 근본적으로 노동자로 간주하며 노동자와 같은 취급을 받는 결과를 가져온다. 따라서 노동법상 원칙의 적용을 받는 것이 이상하지 않다. 정치적 문제와의 관계에 있어서도 덴마크와 함께 네덜란드는 시민과 군인의 행동기준이 일치하며 군인은 일반시민들과 똑같은 권리를 가진다.

네덜란드에는 1996년 8월부터 군대내 성희롱[sexuelle Belästigung]에 관한 소원절차[klachtenprocedure]가 마련되었다. 1994년 일반 노동법에 실행된 조치, 특히 여성피고용자를 성희롱으로부터 보호하기 위한 조치들이 군대법에도 적용되었다. 여기서 성희롱이란

"원하지 않는 성적인 접근, 성적인 행동의 요구 그리고 성적인 종류의 언어적 또는 물리적 행동(Arbowet 제3조 제3호)"이라고 정의하고 있다. 이에 더해 노동법은 1999년 10월 1일까지 성희롱과 그에 대한 대처방안을 더 조사하여 그 분야의 보고서를 제출하도록 하는 노동부와 사회부 장관의 의무를 정하고 있다. 위 개념의 정의들은 구체적인 상황과 관여자들 각각의 경험의 지평에 달려있다. 예를 들어 '원하지 않는'의 개념은 특정하게 받아들여지는 선을 넘은 경우를 전제하고 매우 다양한 경우들이 있다. 여기에는 성희롱뿐만 아니라 적어도 피해자가 그 행동방식이 원하지 않는 경우로 보여지는 것도 해당한다.

네덜란드 군소원절차의 기본적 특징은 무엇보다도 제재에 있어 네덜란드 소년형법을 차용했다는 점이다. 그 외에 주목할 만한 것은 일반 노동법의 방법들을 대폭적으로 받아들였으며 이 경우 군대의 특수성에 기인한 수단들은 포기되었다는 점이다. 이러한 조치들은 두 번째 단계에서 특별한 소원절차를 통해 완성된다. 이는 중재에 향하여진 절차와 소원위원회 이전에 법원과 같은 절차이다. 이 이중구조는 사실상 서로 다른 동기를 가진 갈등을 조정하는데 작용한다. 소원위원회는 세 명에서 아홉 명사이의 홀수의 구성원으로 구성된다. 이때 소원(신청)인이 여성인 경우 구성원 중 적어도 한 명은 여성이어야 한다. 이 규칙(정)은 사실상 군대내 여성의 수에 비추어 평등한 참여가 아니라는 의심을 불러일으키기도 한다. 우선 위원회에 속하는 사무인가, 즉 성희롱이 있었는지의 문제와 관련이 있는지 여부를 심사한 후 규정에 따라 접수하거나 거부하는 결정을 내린다. 이 시점부터 대의원의 참여는 불가능하다. 이에 더해 행위자가 군인인지 또는 군대의 일반 군무원인지에 따라 어느 정도 차이가 있다. 결정에 필요한 사실들은 관청이 수사한다. 여기서 많은 경우가 희생자의 증언에만 할당된다는 것은 이러한 절차의 일반적인 특징이며 군대영역의 특수성은 나타나지 않는다. 절차가 끝난 후 그에 상응하는 제재와 처분들이 결정된다. 이 조치들은 우선 피소원인(가해자)에 대해서만 아니라 원래 신청상대방인 국방부와도 관련이 있다. 따라서 상급자(관청)[Dienstherr]는 특정한 행동양식이 정지될 수 있다(轉任 또는 비슷한). 제재의 종류는 Algemen Ambtenaren Reglement(AAR) 또는 Burgerlijk Ambtenaren Reglement Defensie(BARD)에 따라 정해진다. 군인이 아닌 경우는 해고, 전임 등이 규정되어있고 군인은 이에 더해 징벌직무 또는 외출제한이 규정되어 있다. 이와 함께 과태료를 부과할 수 있는 가능성이 있지만 거의 사용되지 않는다. 소원위원회의 결정에 대한 소원은 소원제기자 뿐만 아니라 제재를 받은 자도 한다는 규정이 있다. 그러면 보통 행정법원의 항고절차와 연결된다. 성희롱문제의 특수성을 가진 특별한 소원절차의 필요성 때문에 완전히 일관되게 작용하지 않으며 점진적으로 수정해가는 관점에 주목하여야 한다. 절차의 원칙은 중재에서 출발하여 점차 사법과정화 되어간다. 기본권의 구체화와 관련하여 상급자(관청)의 배려의무(zorgeplicht, Fürsorgepflicht)가 우선적으로 언급된다. 이는 군대지휘의 책임성 때문에 더욱 그러하다. 이는 군대내 소원절차에서도 근거지워지는데, 이는 곧 상관의 배려의무 일 것이고 소원절차신청의 상대방으로서 국방부라는 사실로 더욱 명확해진다.

네덜란드 형법전의 공식적인 언어 및 사법부의 판결은 네덜란드어로 되어 있지만, 프랑스어, 독일어, 영어도 비공식적으로 사용하기도 한다.

03

네덜란드의 형사소송법

3.1 연혁

나폴레옹 1세의 치죄법은 네덜란드에서 1838년까지 약간의 개정을 거쳐 적용되었다. 예를 들어, 프랑스의 배심원제도는 네덜란드에 채택된 적이 없다. 1838년에 발효된 네덜란드의 형사소송법은 사실상 새로운 법전은 아니었고, 오히려 프랑스법전의 번역에 가까웠다. 1838년의 법은 규문주의 요소들이 강하게 작용하는 것이었다. 피의자는 권리가 없는 비밀형사소추의 대상이었다. 1838년 법전에서 규문적 요소들을 제한하려는 수많은 시도들과 개정 노력은 현재의 형사소송법이 1926년에 제정될 때까지 실패했다.

3.2 형사소송법의 특징들

1926년 형사소송법의 제안주석서는 적절한 탄핵주의적인 내용들을 담고 있다. 1838년의 법과 비교해 볼 때, 새로운 법은 범죄자들에게 사법절차에 영향을 미치는 더 많은 절차상의 권리들을 부여했다. 수사상 초기 단계에서, 범죄인은 변호사의 도움을 받아 자유롭게 진술하고 서면으로 의사를 전달할 수 있는 권리를 얻었다. 공판 전 단계에서 범죄인은 심문받을 때 묵비권을 인정받았다. 게다가 피의자는 제한적이나마, 경찰이나 심문하는 재판관에게 수사결과와 관련된 정보를 전달받고, 그 수사에 개입할 수 있는 권리를 가졌다. 범죄인이 절차상의 권리를 남용하는 것을 예방하기 위하여, 이 권리들은 '수사의 중요성 내'에서 검사나 판사에 의해 제한 받을 수 있었다. 그러나 이러한 제한들은 상급심에서 재검토될 수 있었다.

형사소송법에 따르면, 형사절차에서 강조되는 지도원칙은 직접성이다. 일반적으로 공판절차에서 증거는 이 원칙을 기초로 제시되어야 한다. 그러나 1926년 최고재판소는 전문증거[testimonium de auditu]가 증거로 인정될 수 있다고 하였다. 또한 최고재판소는 직접성 원칙의 다른 예외로서 익명의 목격자의 진술과 같은 경우도 정황증거의 형태로 증거로 인정될 수 있다고 하였다. 유럽인권재판소 결정의 영향 하에서, 직접성의 원칙은 점차 네덜란드 형사소송절차의 중요한 역할을 담당하기 시작했다.

3.3 형사소송법의 구성

네덜란드 형사소송법은 다섯 부분으로 나누어져 있다.

첫째 장은 (1-138c) 경찰의 권한, 검찰과 법원, 피고인의 권리들과 변호인관련 권리들, 그리고 공판 전 구금과 같은 강제조치들,

가택의 압수수색, 통신 감청, 그리고 기타 수사권에 관한 조항들을 포함하고 있다.

두 번째 장은 (139-398) 공판 전 단계와 공판단계에서의 법률조항을 담고 있다.

세 번째 장은 (399-481) 상소와 파기 같은 법률상 구제 절차를 다룬다.

네 번째 장은 (482-552hh) 소년범과 법인에 대한 재판을 위한 특별한 형사절차를 담고 있다.

마지막 장은 (553-592a) 법원 판결들의 이행에 관한 조항을 두고 있다.

3.4 형사소송법의 중요한 개정들

네덜란드의 형사소송법은 그동안 상당부분 개정되어왔다. 과거 형사소송법은 정기적으로 추가되거나 변경되어왔다. 그러나 근래에는 형사소송의 일반원칙을 포함한 방대한 법률개정은 원하지도 필요하지도 않은 것처럼 보인다. 이러한 경향은 현재 형사소송법은 형사소송절차에서 소송당사자늘에게 균형 잡힌 권한과 권리를 분배하고 있기 때문에 권한의 재분배에 대한 필요성이 없다는 생각에서 기인한다. 근래 법률 개정들은 법정에서 소송당사자들의 사실상 다른 지위나 중요한 권한의 변화는 고려하지 않았다.

역시 포괄적인 개정은 법무부의 형사소송법에 대한 행정적 전망과 운영면에서도 반대에 부딪쳤다. 현재, 완전히 새로운 법률에 대한 법무부 공무원의 과중한 업무압력도 무시할 수 없다는 점과 형사사법의 과열상태를 가져올 것이라는 반대도 형사소송법에 대한 포괄적인 개정을 반대하는 이유이다. 완전한 법률개정에 대한 반대와는 별개로 소송참여자, 기술적인 진보, 국제인권기구들의 영향, 그리고 1996년 의회의 경찰 수사방법에 대한 조사 등등에 대한 부분적인 법률개정은 이어져왔다.

3.5 소송법 개정의 중요한 이유들

- 소송참여자

1926년부터 시작한 현행 형사소송법은 전통적인 법정의 참여자들, 피의자와 그의 변호인, 경찰과 검찰의 권한과 중요성에 대한 주의 깊은 이해관계를 고려하고 있다. 그러나 증인과 피해자의 법률상 지위는 전부 정성들여 만들어진 것은 아니거나 형사절차상의 국가보상은 규정하지 않는 등 매우 불충분하게 규정되어 있었다. 게다가, 네덜란드 법에 따르면, 소추는 절대적으로 검사의 기소독점주의를 취하고 있었기 때문에 피해자의 사적인 소추는 불가능했다. 따라서 범죄피해자의 권리는 법률에서 매우 간소한 지위만을 인정하고 있었다. 1993년 범죄피해보상법 이래, 피해자의 지위는 상당히 강화되었다. 범죄피해자 또는 그의 법정상속인은 현재 형사소송절차에서 민사상 보상을 청구하는 소송을 제기할 수 있다. 증인의 법적인 지위 또한 변화되었다. 보복을 두려워하여 증언의 법적의무를 거절하는 증인을 보호하는 협박받는 증인법이 1993년 제정되어 적용되고 있다.

- 기술의 진보

새로운 기술의 발전들은 조직범죄와 강력범죄에 대처하기 위한 진보적인 기술적 강제수단들의 사용을 가능하게 했다. 예를 들어 1993년 DNA법은 8년 이상의 법정형을 수반하는 범죄의 중대한 혐의가 있을 경우, 심문중인 판사의 명령으로 피의자의 동의 없이 신분확인을 위해 DNA검사를 위한 혈액을 채취하는 가능성을 도입하였다. 또한 2001년부터 검사의 명령으로 4년 이상의 법정형의 범죄를 저지른 피의자로부터 DNA검사를 위해서 면봉으로 구강의 표본을 채취할 수 있게 되었다. 한편 1993년 컴퓨터범죄법은 모든 원거리통신 형태의 감청과 원거리 부전수단에 의한 모든 형태의 통신을 감청할 수 있는 가능성을 도입하였다.

- 국제인권기구들의 영향

형사피고인이나 자유를 박탈당한 사람에 대한 국제인권기구들의 요구들은, 그 기준들이 네덜란드법에 직접 적용할 수 있는 한 수용할 필요가 있다. 네덜란드는 헌법재판소가 없으며 네덜란드 헌법 제120조('국회의 법률과 조약의 헌법성은 법원에 의해 심사되지 않는다.')는 국회 입법에 대한 법원의 위헌심판을 명백히 금지한다.

그러나 네덜란드 헌법은 인권과 기본적 자유의 보호를 위한 유럽협약(1950.11.4.)과 같이 네덜란드가 가입해 있는 국제조약에서 직접 적용할 수 있는 규정들과 국회의 입법을 포함하여 모든 국내법과의 양립성에 관하여 법원이 심사할 것을 의무화하고 있다. 별도의 입법상의 이행이 필요하지 않은 국제협약의 모든 규정들은 직접 적용할 수 있다. 네덜란드의 법규정이 직접 국내에 적용할 수 있는 국제협약 규정과 충돌을 일으키는 경우에는 법원은 반드시 국내규정 대신에 국제협약의 규정을 적용해야한다. 네덜란드 내에 발효된 입법규정이 모든 사람들에게 구속력이 있거나 국제기구들의 결정들과 충돌한다면 적용되어서는 안 된다(헌법 제94조).

슈트라스부르크에 있는 유럽인권재판소에서 판례법으로 정성스럽게 형성되고, 직접 적용할 수 있는 국제협약의 적용기준들은 역시 네덜란드 법원에 의해 적용되어야 한다.

그 외에도 네덜란드는 절차법상 논제로 다루어지고 있는, 예를 들면 형사문제의 상호원조, 형사문제에 대한 소송절차의 이송, 도망범인도, 형사법의 국제적인 정당성, 그리고 형선고자의 이송에 관한 협약과 같은 많은 국제협약을 승인·비준하였다.

- 경찰수사의 위기

1996년 경찰수사에 대한 의회의 조사위원회는 경찰수사방법에 대한 법적 기준이 존재하지 않는 등 네덜란드가 경찰수사의 위기를 겪고 있다는 결론을 내렸다. 법원뿐만 아니라 검찰도 경찰에 대한 그들의 관리 감독 임무를 충분하고 성실하게 수행하지 않았고, 그 결과 경찰은 검찰감독의 통제와 권한 밖에서 운용되었다. 즉, 민주국가에서 법에 의한 지배의 원칙과 충돌하는 비밀수사방법이 아주 자주 사용되어 왔다.

위원회의 보고서는 네덜란드 경찰의 감독책임문제에 대해서 심각한 충격을 안겼으며, 2000년에 감시와 미행, 경찰의 침투, 상시정보제공자, 기술적 수단에 의한 통신감청, 위장잠입, 위장구매, 그리고 사전수사와 같은, 수사권과 특별한 수사의 방법에 대한 폭넓은 입법을 이끌었다.

04

형사사법체계의 주요 기관

A. 경찰

4.1 경찰조직

경찰의 공식적인 조직은 1993년 경찰법에 의해 정해졌다. 경찰법 이전에는, 국가경찰과 148시의 지방경찰로 나누어져 있었다. 1993년 경찰법은 경찰의 주요기관과 구조를 개편하였는데, 그 주요 이유는 지역과 국가를 초월하여 국제적으로 조직화된 범죄에 대처하기 위해 경찰의 효율성을 높일 필요성 때문이었다. 네덜란드는 25개의 지역경찰로 이루어져 있었다. 각 지역은 자체적인 경찰을 운영하며 지역에서 가장 크거나 가장 중심에 있는 시장이 행정적으로 관리한다. 지역 내의 다른 시장들은 감독위원회에 참여하지만 매우 제한된 권한을 가지고 있다. 총 5만 명에 달하는 정규경찰 중 일선에서 범죄수사권한을 가진 집행경찰 공무원은 65% 정도로 운영되고 있었다.

네덜란드에는 지역경찰과 더불어 국가경찰로 구분되어 있었고, 국가경찰은 자동차도로경찰, 수상경찰, 철도보안경찰, 범죄수사경찰과 같이 다양한 조직으로 구성된다. 범죄수사경찰부서는 국제경찰과의 협력뿐만 아니라 경찰정보의 국제적인 교환 그리고 네덜란드안에 있는 외국관료와 해외에 있는 네덜란드 관료와 연락을 유지한다. 국가범죄 특별수사대[LRT]는 국가경찰에 소속되어 있다. 지역경찰과 국가경찰은 궁극적으로 내무부장관의 통제 하에 있었다. 그러나 결국 그 비효율성에 대한 비판에 따라 2013년부터 하나의 국가경찰 조직으로 통합되었다.

지방경찰은 10개 권역 경찰[regional constabularies]로 전환되었다. 2013년 이전에는 모든 경찰조직을 지휘하는 기관이 없었고, 국가경찰과 각 지역경찰이 병렬적으로 존재하는 구조였으나, 2013년부터 국가경찰 조직으로 변경됨에 따라 국립경찰청장[National Police Commissioner]이 임명되어 모든 경찰조직을 지휘하게 되었다.

이와 더불어 황실군대경찰이 있는 데, 이는 국방장관의 관리 하에 있는 작은 부서이고 주로 군대 내에서의 일반적인 경찰업무를 수행한다.

지역범죄수사대는 지역 내의 경찰업무를 수행하는데 세부적으로는 서로 다른 업무를 처리하는 부서가 있다.

범죄수사대는 지능범죄수사팀과 같이 전문화된 부서들이 포함되어 있다. 범죄수사관의 주요한 업무는 자체적으로 수사에 착수하거나 일반시민의 제보에 의한 형사범들을 수사하는 것이다. 형사범들이 많기 때문에 대부분의 경찰업무시간은 정보처리과정에 소비한다. 그 결과 주요도시의 지역경찰들은 종종 본연의 수사업무를 수행하는 데 충분한 시간을 가지지 못한다.

일상적인 경찰업무에 더하여, 특별범죄경찰이 있는 데 이 부서에서는 제한된 범위의 범죄를 탐지하고 수사하는 권한을 가지고 있다. 이 기관은 지방 또는 국가행정의 한 부서로 형태로 운영된다.

국가적인 차원에서 정부의 통제 하에 있는 특별수사기관으로는 관세와 내국세 세입청 공무원, 환경·교통 감시부, 식품·소비자 안전 수사부 그리고 고용 및 사회보장부의 노동감독관 등이 있다. 이러한 특별수사기관은 오직 직접적으로 소속부서와 관련된 업무에 대한 범죄를 수사할 권한을 가지고 있다. 따라서 해당 부처의 업무와 관련된 형사사건에 대해서만 수사 권한을 가지고, 법무부 장관이 아니라 소관 부처의 장관의 책임 아래 있다.

마지막으로 국가정보안전부는 국가의 안전과 민주질서의 유지를 책임진다.

4.2 경찰의 임무

경찰의 업무는 법질서를 지키도록 하며, 도움이 필요한 사람을 돕는 것이다. 법질서의 시행은 형법의 실행, 공공질서의 실행 그리고 사법제도의 실행 등으로 이루어진다.

경찰이 공공질서를 유지하는 업무를 수행할 때는 시장의 지시를 받았었다. 그러나 형법과 사법제도를 실행할 때 경찰은 검찰의 지휘아래서 활동한다. 형법의 집행은 효과적인 범죄예방과 범죄근절 그리고 범죄수사로 이루어진다. 검사는 경찰의 형법집행에 대한 지시를 할 수 있다. 네덜란드 경찰은 공공질서 유지 업무와 관련해서는 최종적으로 내무부 장관의 지휘·감독 아래 있고, 형사법의 집행 업무와 관련해서는 법무부 장관이 정치적 책임을 진다.

경찰은 네덜란드 전지역에 대한 관할권을 가지고 있으나, 일반적으로 그가 고용되고 근무하는 지역에 한해서 업무를 수행한다.

사법 관련업무를 수행하기 위하여 고위경찰관들은 검사를 보조할 수 있다. 즉 고위경찰관들은 검사를 대신해서 몇 가지 업무를 수행할 수 있는 권한을 가지고 있다.

공공질서 유지와 형법집행 사이의 차이는 명확하게 구분되지 않으므로 경찰행위는 누구의 권한에 속하는지 항상 명백하지는 않다. 따라서 지역경찰을 행정적으로 운영하는 시장은 지방경찰청장과 지방검찰청장을 정기적으로 만나 지역범죄에 대처하고 지역의 안전을 향상시키기 위해 경찰력을 투입할 것인지의 문제들을 논의한다.

4.3 경찰권

범죄를 탐지하고 수사하는 임무와 관련하여, 경찰은 체포, 경찰유치, 압수와 같은 특별한 법적 권한을 가지고 있다. 오직 검사의 보조로 고안되어 지명된 고위경찰관만이 실행할 수 있는 몇 가지 권한이 있다. 이 보조자는 검찰청의 소속도 아니고 검사의 권한도 가지지 않는다. 그러나 그는 수색이나 경찰유치와 같은 강제력을 실행할 권한을 가지고 있다. 이와 같이 보조검사는 검사와 직접 수사를 담당하는 경찰 사이의 매개체 역할을 담당한다.

경찰은 경찰업무을 수행하는 경찰력을 사용할 것이다. 더 나아가 경찰은 안전을 이유로 필요하다면 신체수색을 할 수 있다.

경찰법을 근거로 경찰은 공공장소에서 누군가의 사진을 찍거나 감시하는 방법 등으로 제한적으로 누군가의 사생활을 침해할 수 있는 권한을 가지고 있다.

네덜란드 경찰의 권한 중 가장 주목할 부분은 범법행위에 대해 더 이상의 형사절차를 진행하지 않고, 사건을 보류할 권한이 있다는 것이다. 이와 같은 사건의 보류는 범법행위에 대한 수사가 완료되었을 때, 경찰이 취할 수 있는 조치 중의 하나인데, 경찰은 범법자에게 구두나 문서로 훈계하거나 경고장을 주고 사건을 종료할 수 있다. 범법자가 청소년이거나 초범자인 경우, 가정폭력이나 경미한 범죄에 대해 적용된다. 나아가, 경찰은 피해자에 대한 보상이나 사과를 제안하는 방법으로 가해자와 피해자 사이의 중재에 이르는 경우, 사건을 보류할 수도 있다.

경찰은 검찰이나 법원을 거치지 않고 일정 한도의 제재 명령 [penal order]을 부과할 수 있다. 과거 네덜란드 경찰은 형법 제74c조에 근거하여 최고 350유로까지의 협상처벌을 부과할 수 있는 권한이 있었으나, 현재는 이 조항이 삭제되는 대신, 일정한 한도 내에서 제재 명령을 직접 부과할 수 있다. 경찰의 이러한 권한은 최고검찰위원회의 지침에 따라 규율되고 있으므로, 경찰에게 완전한 자율권이 부여된 것이라고 보기는 어렵다.[1]

4.4 경찰에 대한 감독

범죄수사에 대한 최종적인 책임은 검찰에게 있다. 검사는 경찰이 모든 법령과 절차를 준수하도록 감독하며, 공식적으로 검사는 최종적인 수사자이다. 그러나 실제로 경찰은 검찰의 사후에 자세한 지시를 받을 수도 있는 상당히 중요한 범죄사건을 제외하고는 검사의 사전 자문 없이 대부분의 사건을 취급한다. 검사의 자문은 위와 같은 범죄에 대한 수사방침과 비밀요원이나 잠입자의 활용 등 특별한 수사방법을 사용할 것인지를 결정하기 위하여 추상적인 차원에서 이루어진다. 그 이유는 수사기술과 전략에 관해서 경찰이 검찰보다 더 전문적인 경험을 가지고 있다는 인식뿐만 아니라 검찰의 제한된 권한 때문이다.

또한 특별한 사건의 자문은 경찰관이 사법권을 가진 행정장관

1 이치현, 「네덜란드의 검사와 사법경찰관의 관계」, 국외훈련검사 연구논문집 제29집(2014), 408 이하.

을 강제수단을 사용하여 조사할 때 검찰의 승인이나 협력을 요구하면서 이루어진다.

그동안 검찰은 경찰에 대한 감독권을 제대로 행사하지 못했다. 경찰은 수사활동에 있어서 너무 많은 자율을 향유하였는데, 특히 조직범죄 수사분야에서 두드러졌다.

경찰수사에 대한 의회조사위원회의 1996년 보고서는 경찰이 불법적인 수사방법으로 비밀요원을 광범위하게 이용한 명확한 자료를 제시하였다. 이와 같은 불법수단이 사용되면서 '의무 없이는 권한도 없고 책임 없이는 의무도 없다'라는 황금률이 무시되었다. 그 주요이유는 다음과 같다: 입법과 분명한 규칙의 결핍, 검찰의 권한과 감독의 결핍, 경찰권의 조직화 결핍, 수사가 비밀로 유지되거나 아주 제한적으로 검찰에 의해 법정에서만 공개되는 지능범죄부서의 상대적인 독립성 보장 등이다. 의회조사위원회와 의회토론회의 결론에 따라, 경찰의 수사방법에 대한 법규정은 2000년에 제정되었다.

더 나아가 1999년에는 검찰의 경찰에 대한 감독기능을 향상시키기 위하여 검찰조직을 재정비하였다.

4.5 경찰에 대한 지휘

검찰은 특별한 범죄의 수사에 있어서는 경찰에게 구두지시 또는 서면으로 수사활동에 좀 더 적극적으로 참여한다. 범죄는 점점 더 복잡해지고 재원은 부족하기 때문에 수사초기부터 우선적으로 해결해야하는 필요성 때문에 검사의 수사초기의 활동에 대한 중요성이 더욱 더 중요해졌다.

범죄수사경찰은 사실을 수사하여 실체적 진실을 확인하는 데에 포괄적인 책임이 있다. 범죄자의 대부분은 재판을 받게 되었을 때, 오직 수사경찰관이 수집한 정보에 근거하여 기소된다.

네덜란드 경찰은 한국에 비해 범죄수사에 대한 상당한 권한과 자율성을 갖고 있지만, 검찰을 통해 자의적 권한 행사의 통제가 이루어지고, 이러한 권한이 검찰과 경찰 사이의 적정한 업무 분담을 통해 효율적인 사건처리로 이어진다.

B. 검찰

4.6 검찰의 조직

검찰은 검사들의 전국가적인 위계제의 조직체이다. 최고 정점에 검찰대표위원회[the Board of prosecutors-general][2]가 있다.

1993년 네덜란드 의회는 법무부에 검찰의 기능과 역할을 검토할 위원회 설치를 요청하게 되었고, 그 위원회의 조사결과에 따라 1999년 검찰조직의 개혁이 이루어졌다. 이 때 신설된 검찰대표위원회는 법무부의 책임아래 활동하나 법무부 소속의 기관은 아니다. 검찰대표위원회는 사법조직의 한 부분이다. 검찰을 구성하고 있는 검사는 행정부 공무원으로서 해고될 수도 있으며 법무부의 정치적 책임 아래에 있다.

검찰조직은 1827년 사법조직법에 의해서 규정되었다. 1999년에 검찰은 대대적으로 개편되었다. 네덜란드 검사들은 전체 약 500명 정도, 검사들 중에서 4분의 1이 여자인 수준을 유지하였는데, 2012년을 기준으로 한 검사 수는 790명이며 인구 10만 명 당 검사 수는 약 4.7명인데, 유럽평의회 소속 국가들의 인구 10만 명 당 평균 검사 수가 약 11.8명임에 비추어 상대적으로 적다. 검사들

2 검찰총장위원회로 번역할 수도 있다.

은 판사들과 똑같은 방법으로 임용된다. 검사는 사법부에 속하지만 판사와는 다르게 종신으로 임명되지 않는다. 검사는 황실이 임명하고 65세에 정년퇴직한다. 검사는 1심 법원과 상소법원에 대응하는 두 단계로 조직되어 있다.

1995년에는 테러리즘, 조직범죄, 인신매매 등의 중범죄 사건을 전담하는 국가검찰청이 신설되었고, 2003년 경제, 재정, 환경범죄의 기소를 전담하는 중점검찰청이 신설되었다. 2012년 사법조직법의 개정에 따라 항소검찰청이 4곳으로, 지방검찰청이 10곳으로 각각 축소되었고, 법원조직도 그에 대응하여 축소되었다.

10개 지방법원에서 검찰은 검사장, 부장검사, 검사, 대리검사, 그리고 단독법원에서 근무하는 검사들로 구성되어 있다. 검사들은 간단한 사건에서 혐의자에게 출두명령권을 가진 검찰직원들의 지원을 받는다. 일반적으로 이 검찰직원들은 증거가 기소하기에 충분한지와 벌금부과 그리고 출두명령이 적정한지 등을 판단하기 위해 경찰수사자료를 검토한다. 단독재판부 담당 검사는 단독재판부의 검사 업무만을 수행하는데, 단독 재판부는 1년을 초과하는 구금형을 선고할 수 없으므로, 비교적 경미한 사건을 심리한다.

4개의 항소법원 검찰은 고등검찰청장과 고등검사로 구성되어 있다. 항소법원 단계에 대응한 고등검찰의 주요한 업무는 항소사건을 담당하는 것이다. 과거 항소검찰청은 그 관할구역에 있는 지방검찰청에 대한 관리감독권을 갖고 있었으나, 1999년 사법조직법의 개정 이후 항소검찰청은 지방검찰청, 국가검찰청과 동등한 지위로 변경되었다. 항소검찰청은 검사장[chief advocates - general]과 검사[advocate - general]로 구성되어 있고, 항소심 공소유지가 주된 업무이다. 항소심 검사는 항소 사건에 대해 1심 담당 검사에게 지원을 요청할 수 있고(형소법 제148 c조), 1심 검사의 항소를 철회할 수 있는 권한이 있다(형소법 제453조).

한편 네덜란드 형사소송법 제12조는 검사가 불기소 처분한 사건에 대한 이해당사자는 항소심 법원에 이의를 제기할 수 있다고 규정하고 있는데, 항소검찰청은 이러한 사건의 처리도 담당한다.

4.7 국립검찰청

네덜란드에는 두 개의 국립검찰청이 지방검찰청 및 고등검찰청과는 별도로 설치되어 있다. 국립검찰청은 로테르담에 있는데, 특정 지역법원과 연결되어 있지 않다. 국립검찰청은 국가범죄수사대를 관리한다. 국가범죄수사대는 인신매매, 테러, 자금세탁, 사기와 같은 국제적인 범죄를 수사한다. 주로 중대범죄, 즉 금융, 조세 전문가의 도움이 필요한 범죄, 전국 단위 내지 국제적 범죄를 수사하고 기소하는 업무를 담당하고 있다. 국가검찰청은 조직범죄를 다루는 국가경찰을 감독하고, 국가경찰에서 수사한 사건을 기소하기도 한다.

국립검찰청은 국가범죄수사대가 수사한 사건을 기소한다. 더 나아가 국가검찰은 (국제)조직범죄에 관해서 수사와 기소정책을 개발한다. 국립검찰청의 또 다른 임무는 외국의 법적인 요청을 처리하고 협조하는 것이다.

일반 국립검찰청[National Public Prosecutor's office]은 특정 지방법원 또는 고등법원에 한정되지 않는 국제적인 조직범죄, 밀수범죄 및 테러 등과 관련된 범죄를 수사하고 기소하는 역할을 담당하며 도로교통, 수로교통 및 항로교통 법규의 집행은 물론 전국에 걸친 주요 도로망과 관련된 지역 교통정책을 감독한다.

중대 사기범죄와 환경범죄 및 자산몰수를 위한 국립검찰청[National Public Prosecutor's office for serious fraud and environmental crime and asset confiscation]은 사기범죄 환경범죄 및 복잡한 형사사건을 수사하고 공소를 제기한다.

또한 국립검찰청은 잠입자, 증인 보호, 중앙범죄정보부[Central criminal intelligence division]와의 협력과 관련하여 지방검찰청과 업무 협력을 하기도 한다. 이러한 점에서 국가검찰청은 검찰과 정보기관[the intelligence and security services] 사이의 중개자 역할을 담당한다. 국가검찰청의 조직 구성은 지방검찰청과 유사하다.

4.8 검찰대표위원회

1999년 검찰조직 개혁에 따라, 검찰대표위원회가 신설되었다. 형사소송법에 의하면, 이 위원회는 모든 수사(형소법 제140조), 기소에 대해 최고의 권한을 가지고 있다. 1심 법원의 검사와 상소법원의 검사는 수직적인 관계가 아니다. 양자는 검찰대표위원회[The Board of prosecutors-general]에 속해있으며, 검찰대표위원회는 하나의 조직으로서 검찰을 지휘한다. 즉 검찰대표위원회는 모든 검찰청의 최고 정점에 위치한다.

검찰은 3-5명사이의 검찰총장으로 구성된 위원회가 지휘한다. 왕실은 검찰대표위원회의 위원장을 임명하고, 검찰대표위원회의 사무실은 헤이그에 있다. 현재 위원회는 4명의 위원으로 이루어져 있다. 위원회는 형사사법 실행에 관련된 임무와 권한, 경찰에 대한 감독 등 법률에 근거한 권한들에 대해 검찰의 구성원들을 지휘할 수 있다(사법조직법 제130조 제4항).[3]

위원회의 의사결정은 3인 이상 출석 아래 다수결로 처리되며, 가부 동수일 경우에는 의장이 결정권을 갖는다. 위원회는 의사절차와 의사결정 방법에 대해 규정을 제정해야 한다. 이 규정의 제

3 현재 최고검찰위원회 구성원 모두 검사장 경력을 갖고 있다. Mr. J. M. Pennte Strake의 경우, Maastricht 지방검사장을 역임하였으나, 그 이전에는 20여년 간 판사로 근무한 경력을 갖고 있다. www.om.nl 참조.

정과 수정에 대해 법무부장관의 승인이 필요하며, 규정은 관보에 게재되어야 한다. 또한 이 규정에는 위원회 의장이 어떠한 사건에 대해 법무부장관에게 의견을 제출해야 되는지를 명기해야 한다(사법조직법 제131조).

검찰대표위원회는 검찰구성원들에게 검찰의 업무에 관련되고, 형사사법행정과 경찰에 대한 감독 등 여러 법률적 권한에 관한 지시를 할 수 있다. 검찰대표위원회는 일반적인 성질의 범죄정책이나 특별한 성질의 정책에 관한 지시를 할 수 있으며, 검사들은 이와 같은 지시에 법적으로 구속되어 있다.

검찰대표위원회는 검사와 경찰 고위 간부로 구성된 여러 자문기구의 조언을 받는다. 자문기구 중 하나가 중대범죄위원회[serious crime committee]인데, 이 위원회는 조직범죄에 관한 정책을 수립하는 역할을 담당하고, 조직범죄 대처방안에 대한 여러 의견들을 검토하는 역할도 담당한다. 이러한 자문기구는 검찰 지침의 초안을 작성하기도 한다. 이 위원회는 법무부장관과 정기적으로 만나고, 이 자문기관들은 기소에 관한 쟁점에 대해 가이드라인을 제안한다.

수사와 기소에 대한 권력의 정점에는 검찰대표위원회가 있다. 이 위원회는 경찰에 의한 적정한 수사정책과 검찰에 의한 적정한 기소정책이 실행되는지를 최종적으로 감독한다.

4.9 검찰의 주요 의무와 권한

검찰의 주요 업무는 형법과 법질서를 실행하는 것이다. 즉, 형사법을 통해 법적 질서를 유지하는 데 있고(사법조직법 제124조), 이는 형사범죄를 수사하고(형소법 제48조), 범인을 기소하고(형소법 제167조, 제242조), 형이 적정하게 집행되는지 관리, 감독하는 것이다(형소법 제553조). 검찰은 형사사법을 운영하는 중추적인 역할을 한다. 일부 범죄에 대한 검사의 반복적인 공소기각은 경찰의 소극적인 수사를 유도하기도 한다.

네덜란드 검찰이 적어도 형사사건을 처리하는 데 있어 막대한 권한을 가지고 있다는 것은 과장이 아니다. 이는 검찰이 기소독점주의와 기소편의주의를 채택하고 있는 결과이다. 더 나아가, 통합된 정책을 추구하기 위하여 위계구조를 채택하고 있다. 이 방법에 의해서, 검찰은 재판으로 이행해가야 하는 사건들과 법원에게 형을 선고하도록 구형하는 사안들을 체계적으로 결정할 수 있다.

1926년에 현행 형사소송법전이 도입된 이후 형사소송절차에 대한 결정은 절대적으로 검찰이 행사하여 왔다. 경찰이 검사에게 송부한 형사사건의 대략 절반이 재판에 회부되지 않고 검찰 자체 내에서 처리하였다. 통상 절차상의 문제로 인한 기각결정, 기소편의

주의로 인한 기각결정 또는 화해를 통한 법원 밖의 해결과 관련하여 기소되지 않는다.

만약 검찰이 형사법원에서 재판하기로 결정한다면, 단순한 피의자 및 중대하지 않은 범죄는 전적으로 경찰이 수사한 자료를 근거로 대개 검사에 의해 소환된다. 좀 더 복잡한 사건이나 중대한 범죄의 경우에는 예심판사에게 예비적으로 사법적 조사를 신청할 것이다. 경찰 또는 예심판사에 의한 예비조사가 끝나면, 검사는 기소를 하지 않을 것인지 계속 진행할 것인지를 다시 한 번 결정하여야 한다. 만약 피의자가 혐의가 없다는 것이 검사에 통보된다면, 차후에 새로운 증거가 발견되지 않는다면 조건부로나 다른 방법으로든 그 사건은 종료된다.

만약 검사가 기소하기로 결정한다면, 피고인은 지역법원에 서면으로 이의를 제기할 수 있다. 무모하거나 공정치 못한 기소를 이유로 하는 이의제기절차는 피의자가 비공개로 할 수 있어서 공개재판에 드러나지 않는다.

기소결정에 대한 항고심사는 매우 제한적으로 인정된다. 이의제기된 대부분의 사건들은 판사의 짧은 검토를 거쳐 결정된다. 법원이 기소가 부적절한 점을 발견하면 그 사건을 기각하여야 하고 그렇지 않으면 재판할 준비를 한다. 기소가 기각될 이유는 4가지

경우로 한정된다:

- 예를 들어 공소시효가 만료된 경우와 같이 검사가 기소할 권한을 가지지 않은 경우;
- 피고인에 대한 증거가 명백하게 불충분한 경우;
- 법률상 범죄를 구성하지 않은 경우; 그리고
- 예를 들어 정당방위같이 피고인의 범죄책임이 부인되는 경우.

4.10 대법원에 있는 검찰

대법원 검찰청은 조직상 지방검찰청, 항소검찰청과 분리되어 있다. 대법원에 있는 검찰은 검찰 소속기관이 아니며 특별한 권한과 임무를 수행하는 독립적인 기관으로 조직되어 있다. 고위검찰관과 고위법무관으로 구성된다. 대법원에 있는 고위검찰관과 고위법무관은 임기 없이 임명된 독립적인 관료로서 70세가 정년이다.

고위검찰관의 법률상 주요 임무는 아래와 같다:

- 국회의원, 장관과 차관이 직무수행 중 저지른 범죄를 기소하는 것. 국왕의 칙령과 하원의 결정에 따라 기소를 명령하는 것[4];

4 이는 10인의 대법관으로 구성된 재판부에서 처리하며, 단심이자 최종심으로서 불복할 수 없다. 그러나 현재까지 위와 같은 절차에 따라 실제로 기소되거나 재판이 진행된 사례는 없다.

- 대법원이 다루는 모든 사건에 대해 조언하고, 논쟁적인 법적인 문제에 법률적인 의견을 제시하는 것;
- 법률적용의 통일성을 위한 상고 제기;
- 법관의 정직과 해임 청구;
- 형법의 바람직한 적용을 위하여 법률의 파기를 간언하는 것

대법원에 조언하는 업무와 논쟁적인 법적인 물음에 법률적인 의견을 제시하는 것은 고위법무관이 주로 한다.

고위검찰관은 법원에 의한 법령의 집행과 시행을 감독할 특별한 책임이 있다. 이들은 국왕의 칙령에 의해 종신으로 임명된다.

대법원 검찰청은 원칙적으로 입법부, 사법부, 행정부로부터 독립되어 있다. 따라서 법무부 장관은 대법원 검찰청에 어떠한 지시를 내릴 수 없고, 대법원 검찰청 역시 검찰 조직에 대해 아무런 권한이 없다.

4.11 정치적인 책임

법무부장관이 검찰의 정책에 정치적인 책임을 지고 국회에서 정책을 설명하거나 조정하는 회의에 참여한다는 의미에서 검찰은 독립적인 기관은 아니다. 의회는 법무부장관에게 전반적인 검찰

의 정책과 개별적인 기소결정에 대하여 질문한다. 이 정치적인 책임은 네덜란드 'Rule of Law(법에 따른 규칙 *법에 의한 지배보다는 규칙에 따른다는 의미가 보다 가까움)' 원칙의 가장 핵심적인 요소 중의 하나이다.

따라서 법무부장관은 검찰정책을 전반적으로 공식화하는데 관여한다. 이러한 이유로 검찰대표위원회와 법무부장관은 정기적으로 만난다. 검찰대표위원회는 법무부장관의 의견에 동의하여 기소정책을 타당하게 실현할 책임이 있다. 법무부장관은 개별적인 사건의 의사결정에 관련될 수도 있다. 법무부장관은 기소결정이 일반적인 기소정책에 영향을 끼칠 수 있거나 그의 정치적인 책임이 위태로운 경우에 개별적인 검사의 상담을 받을 수도 있다. 최종적인 책임은 법무부장관에게 있다.

따라서 법원조직법 제127조에서 법무부장관은 검찰의 임무와 권한을 실행함에 있어 일반적이거나 특별한 지시를 할 수 있는 권한이 있다고 규정한다.

법무부장관은 또한 개별적인 사건의 수사와 기소에 관련하여서도 지시할 수 있다. 법무부장관은 그러한 지시를 내리기 전에 검찰대표위원회와 협의하여야 하며, 그 지시는 합리적이어야 하고 서면으로 하여야 한다.

검사들은 이와 같은 지시를 따라야 한다. 일반적으로 이러한 지시는 법원에 충분한 정보를 주기 위하여 검찰대표위원회의 의견과 함께 소송서류에 첨부되어야 한다. 범죄를 수사하지 않거나 기소하지 않는 법무부장관의 지시는 검찰대표위원회의 의견과 함께 의회에 보고되어야 한다.

지난 수십 년에 걸쳐 높아진 검찰에 대한 민주적인 통제의 필요성은 좀 더 많은 사법의 권한과 한정된 형사사건들만이 재판에서 다루어지는 결과를 가져왔다.

비록 법원조직법 127조에 따른 법무부장관이 지시할 수 있는 권한은 제한이 없지만, 법무부장관은 거의 사용하지 않으려 한다. 대부분의 경우에는 검찰대표위원회가 내리는 지시의 형태로 행해지는 검찰대표위원회와의 협의가 효과적일 것이다. 위원회가 법무부장관의 의견에 동의하지 않는 경우는 매우 드물지만 이런 경우에도 장관은 자신의 권한을 사용할 수 있다.

법무부장관은 대법원에 있는 독립적인 지위를 가진 고위검찰관과 고위법무관에게 명령할 수 없다. 그렇지 않으면 법무부장관의 권한과 그들의 권한이 사이 이해관계가 서로 충돌할 수 있다.

4.12 검사의 임무

- 네덜란드에서는 경찰이 사실상 실질적으로 수사를 담당한다. 검사는 수사의 최종적인 책임자로서 모든 수사는 검사의 책임하에 이루어지며 모든 수사가 합법적으로 이루어지는지를 감독한다.
- 경찰의 수사 내지 예심판사의 수사가 종료되면 검찰에 사건이 송치된다. 기소권은 검사에게 독점적으로 부여되어 있고, 검사는 증거부족 또는 법리상의 이유로 유죄판결에 이를 수 없다고 판단되는 경우에는 불기소결정을 할 수 있다.
- 제재명령[penal order]은 2008년에 음주운전 범죄자를 처벌하기 위하여 시범적으로 도입된 제도로서 법원의 과중한 업무부담을 줄이기 위하여 검사로 하여금 형벌권을 행사하도록 한 것이다. 제재명령은 모든 경범죄 및 법정 최고형이 6년을 초과하지 않는 범죄에 적용되게 되었고, 검사는 사회봉사활동 180시간 이하의 수강명령 참여 벌금, 피해자 지원을 위한 금원지급명령, 최대 6개월 동안의 운전면허, 정지명령 등의 제재명령을 내릴 수 있다. 피의자가 검사의 제재명령에 대하여 이의를 제기하지 않는 경우 제재명령은 확정되며 피의자가 이의를 제기하는 경우 사건은 법원에 계속되고 이후 공판

절차가 진행된다.[5]

- 검사는 공판절차에서 피고인에 대한 기소이유를 설명하고, 법원은 피고인을 신문한다. 검사 역시 피고인을 신문할 수 있는 기회가 있으며 사건에 대한 의견을 제시하고 법원에 대하여 적정한 형을 구형한다.

검사는 조건부로 기소를 유예할 수도 있는데, 이는 법률적 근거가 없으나, 실무적으로는 폭넓게 활용되고 있다. 이러한 기소유예처분과 관련된 명시적인 일반규정은 없으나, 실무상 검사는 집행유예에 부과되는 조건과 유사한 조건을 부과하고 있다.

네덜란드 검찰이 매년 처리하고 있는 사건 수는 약 250,000건 정도인데 총 사건 중 약 3분의 1은 절도, 강도 등과 같은 재산범죄이고, 약 4분의 1은 폭력범죄, 약 5분의 1은 교통범죄이다. 최근 들어 18세 이하 범죄자의 수는 감소하는 경향을 보인다.[6]

---

5 하재욱, 「네덜란드 형사사법체계 개요-수사절차를 중심으로」, 사법연수원 교수논문집, 청연논집 제11집(2014), 294.

6 김주경, 『네덜란드의 사법개혁과 법조인 양성제도에 관한 연구』, 사법정책연구원(2016), 188.

C. 법원

4.13 법원의 조직

네덜란드의 치안판사제도는 1811년 네덜란드가 프랑스 나폴레옹 통치하에 있었던 때에 도입되었다. 그 당시 네덜란드에는 220여개의 치안법정이 있었으며, 치안판사는 일반인들을 위해 재판, 중재, 조정을 하는 업무를 맡고 있었다. 중재와 조정은 분쟁의 평화로운 해결방식이다. 따라서 정식 소송으로 가기 전에 치안판사 앞에서 분쟁을 해결할 수 있었으며, 이러한 방법으로 소송을 피할 수 있었고 많은 비용이 절약되었다. 네덜란드의 치안판사제도는 프랑스점령기가 끝나고 1838년에 새로운 사법제도가 도입될 때까지 계속 유지되어 오다가, '주州판사[Canton Judge]'로 대체되었다. 치안판사와 주州판사[Canton Judge]와의 가장 큰 차이점은 중재와 조정업무에 있는데, 주州판사에게는 소송 당사자들의 분쟁을 조정하는 업무가 없다. 이는 치안판사제도가 있었을 때보다 분쟁을 해결하는데 드는 시간과 비용의 소모가 많다는 것을 의미한다.[7]

7 종래 간단한 민 형사사건을 관할하던 62개 칸톤 법원이 존재하였으나 2002년 1월 칸톤법원(cantonal court)이 모두 폐지되고 이는 각 지방법원의 하위지방부로 통합되었다.

법원의 조직은 1827년에 제정된 법원조직법에 의해 규율된다. 법원조직법은 2002년에 대폭 개정되었다.

현재 네덜란드에는 대략 1,700명의 판사가 있는데, 그들 중 약 400여 명이 형사범죄를 다룬다. 판사들은 왕실이 임기 없이 임명하는데 정년은 70세이다. 대법관은 하원이 기초하여 추천한 사람들 중에서 임명된다.

행정부나 의회에 의한 정직 또는 파면은 허용되지 않고, 법관이 업무를 수행할 육체적·정신적 능력이 없거나 중죄의 유죄판결을 받은 경우 등 법관에 대한 정직 또는 파면의 필요성이 요구되는 경우에는 대법원에 소속된 최고법률자문관[procurator general]이 법률에 따라 대법원에 해당 법관의 정직 또는 파면을 신청한다.[8]

형사범죄자는 3심의 형사법원에서 재판받는다. 제1심은 지방법원이며, 제1심 법원은 11개가 있다. 재판관할권 내의 거주민의 숫자에 따라 규모가 크게 다르다.

제2심 법원은 항소법원인데 4개가 있다.

제3심 법원은 대법원인데 헤이그에 있다.

다른 법원과 달리 대법원은 사실관계를 다루지 않고 하급심 판결의 합법성과 절차상 적절성 문제만을 다시 심사한다. 예외적으로 대법원이 제1심 법원이자 최종심인 경우가 있다. 국회의원과

8 김주경, 『각국의 법관 다양화에 관한 연구』, 사법정책연구원(2017), 217.

직무수행 중 장관과 차관이 저지른 범죄에 대해서는 대법원에 관할권이 있지만, 지금까지 이러한 재판은 없었다.

모든 판사가 직업적인 판사는 아니다. 변호사, 법학자 그리고 법학분야의 학위가 있고 형사사법의 지식과 경험을 가진 사람이 보결판사[substitute judge]로 임명될 수 있다. 이와 같은 범위 내에서 그들은 약간의 보수를 받고 형사사법의 운영에 어느 정도 규칙적으로 참여한다. 그들의 참여로 인해 직업판사의 업무부담은 줄었고 법원은 이들 특별전문가들로부터 도움을 받는다.

보결판사의 임용은 형식적으로 법무부가 결정하지만 대부분 스카우트 형식으로 결정되는 경우가 많다고 한다. 주목할 점은 전문 분야에 정통한 변호사가 해당분야의 법관으로 임용된다는 점인데, 이는 일반 법관은 다양한 종류의 사건을 처리하여야 하므로 특정분야의 전문가가 되기에는 현실적인 어려움이 있기 때문에 전문 분야에 정통한 변호사를 비상근법관으로 임용하여 해당 분야의 재판에 참여하게 함으로써 신속하고 공정한 판단을 촉진시킬 수 있다는 점에 기인한다.

네덜란드 보결판사의 수는 2009년 기준으로 498명이고, 2011년 기준으로 506명으로, 질대적인 숫자는 거의 동일하지만 보결판사가 배치된 재판부의 수를 비교하면 2009년 기준 3,922개, 2011년 기준 6,320개로 더욱 다양하다.

보결판사는 통상 3인 재판부의 배석판사로서 한 달에 며칠 정도 재판에 참여하는데, 재판부 중 나머지 2인은 일반 직업법관으로 구성된다. 부판사는 일반 직업법관과 동일한 독립성과 신분보장을 받고 임기와 정년도 일반 직업법관과 동일하며, 비상근이지만 일반 직업법관과 동일한 법적 의무를 진다. 중앙항소법원의 경우 지방법원 판사 출신이 약 3분의 2 정도, 행정부 관료나 교수 출신이 약 3분의 1 정도의 비율을 차지하고 있는 점에 비추어 보면, 보결판사 경력은 항소법원 판사 임용에서 중요한 고려요소가 된다는 것을 알 수 있다.[9]

4.14 형사법원의 구성

규칙위반사건은 지방법원에 있는 한 명의 지방판사가 재판한다. 대부분 가벼운 범죄만을 처리하는데 주로 피고인이 경찰 또는 검찰의 협상을 거절한 속도위반사건, 주거침입 소음방해 등과 같은 경범죄사건 등이 이에 해당한다.

형사범죄사건은 지방법원에서 한 명의 단독판사가 재판하거나 세 명의 판사로 구성된 합의부가 재판한다. 합의부는 사안이 중대

9 김주경, 앞의 책, 219 이하.

하거나 복잡한 사건 또는 검사가 자유형 1년 이상을 구형한 사건을 담당한다. 즉 비교적 중대한 범죄는 합의부가 재판한다.

만약 검사가 사건을 상대적으로 사소한 것으로 판단한다면 사전에 경찰판사[politierechter] 즉 지방법원의 단독판사에게 기소할 수 있다. 경찰법원은 12개월을 초과하는 자유형을 선고할 수 없다. 경찰법원이 해당사건에 대해 만약 합의부가 재판하는 것이 더 적당하다고 판단한다면 형사합의부에 그 사건을 보낸다. 더 나아가 거의 모든 경제범죄와 환경범죄는 단독판사 즉 경제경찰법원[economische politierechter]에서 재판을 받는다. 또한 그리고 거의 모든 청소년범죄는 소년법원[kinderrechter]의 단독판사에게 재판을 받는다.

항소법원은 3명의 합의부 또는 단독판사로 구성된다.

대개 대법원은 5명의 판사로 구성된 합의부가 한 사건을 맡는다. 대법원이 상고사건을 파기하지 않거나 법적으로 문제될 여지가 없다고 간주한다면 3명의 판사가 한 사건을 맡을 수 있다(법원조직법 제75조).

네덜란드는 배심제도를 채택하고 있지 않은데 이는 법관의 판단에 더 큰 신뢰가 형성되어 있기 때문이라는 평가가 많다. 지방법원 형사부 접수사건 수는 2014년 기준 180,280건 이며 처리사건 수는 178,480건 이다.

4.15 대법원

대법원은 민사 형사 및 조세사건 분야의 최고법원이며 헤이그 Hague에 위치하고 있다. 대법원은 1838년 10월 1일에 설립되었다. 네덜란드는 프랑스 점령시기가 끝난 이후인 1838년 그동안 네덜란드에 적용되던 프랑스법을 자국법인 네덜란드법으로 대체하였고 이때 최고법원으로서 대법원을 설립하였다.

대법원에는 대법원장, 최대 7명의 부대법원장 최대 30명의 대법관 및 최대 15명의 비상근 특별대법관[justices extraordinary]을 둔다. 대법원장은 사법부 전체에 영향을 미치는 사법행정에 관한 권한은 없으며 대법관 중에 호선으로 결정되는데 전통적으로는 최선임자가 선출되었지만 현재는 최선임자 선출 관행이 유지되지 않는다.

형사사건에 있어서 최고 법원은 대법원에 있는 형사법원이다. 대법원 형사부(제2재판부)는 부대법원장 2명과 대법관 8명 및 특별대법관 1명 등 총 11인으로 구성되어있다. 대법원 형사부는 법이 부당하게 적용되거나, 적정절차의 원칙과 공정한 법정절차에 위반하는 사건들을 재심사하여 판단을 내리는 권한이 있다. 변호인과 검찰 모두는 다른 구제수단이 없는 경우 또는 구제수단이 이미 있었던 것에 대한 하급심의 모든 형사판단을 대법원에 파기하도록 상소할 권리를 가지고 있다. 2002년 이후로 무죄선고를 위한 파기환송의 금지규정이 삭제되었다. 원칙적으로 서면심리에 의하지만 예외적으로 변론을 열기도 한다.

대법원에서 법률심이 잘못된 판결이 파기되는 소송에 있어서, 대개 파기된 판결을 선고한 법원으로 환송된다. 절차상 오류가 있는 사건은 대법원이 다른 법원으로 보낸다. 환송된 사건을 받은 법원은 대법원의 결정에 구속된다.

대법원은 양당사자가 제기하지 않은 소송에 대해서도 결정을 내릴 수 있다. 이러한 경우는 비록 파기를 위한 상소가 전제되지 않을 지라도, 검사장이 법원칙의 문제를 결정하기 위해서 자진하여 대법원에 사건을 제출할 때 가능하다. 이를 '법의 이익을 위한 항소'라고 하는데 법원이 형법을 적용함에 있어 통일성을 보증할 의도로 행해진다. 더 나아가 대법원은 이미 최종 확정판결을 받은 범죄인들의 신청으로 다시 재판받을 수 있는지를 결정할 수 있는 권한이 있다. 이와 같은 사건의 재심은 한 사건에 대해 모순되는 판결이 존재하거나, 전에는 알려지지 않았던 유죄판결을 받은 자에게 유리한 명백하게 새로운 사실이 드러나거나, 최종 판결의 타당성에 심각한 의심을 품게 하는 사건에서만 가능하다. 재심은 정의에 대한 실책을 구제하기 위한 특별한 절차이나. 이 재심은 그 사건을 다룬 항소법원에서 이루어진다.

4.16 판례

대법원은 형법적용에 있어 형법상 원칙을 결정하는 권한으로 폭넓은 지침을 내릴 수 있다. 판례에 대한 입법적 구속은 없어 - 법원의 독립적 지위 때문에 - 대법원의 견해에 의무적으로 따를 필요가 없을지라도, 통상 대법원이 이전의 원칙에서 쉽게 벗어나지 않으므로 하급법원은 그에 따른다.

4.17 일반인 참여

네덜란드에는 배심원 제도가 없다. 형사사법은 법률적으로 자격이 있는 경력 판사와 검사에 의해 운영된다.

따라서 아래 2개의 경우를 제외하고는 일반인의 참여는 없다:

- 2명의 직업법관과 1명의 일반군인법관으로 구성된 아른헴 Arnhem에 있는 지방법원과 상소법원이 있는 군사법원.
- 행동과학전문가 2명과 3명의 직업법관으로 구성되어 가석방 부적격자와 같은 중범죄인의 문제를 다루는 아른헴Arnhem 상소법원.

4.18 형사절차의 특징

- 형사공판절차에서 판사의 법정 입장, 재판장의 개시선언, 검사의 공소사실 진술, 구술변론, 검사의 구형 및 판결 선고 등은 예외적인 경우를 제외하고는 어떠한 경우에도 녹음 내지 녹화될 수 있다.[10]
- 기자들은 위에서 적시한 사항 이외의 것에 대하여 녹음 또는 녹화를 하고자 하는 경우에는 법원에 그 허가를 신청할 수 있다.
- 증인, 감정인, 피해자 또는 일반인에 대한 녹음 또는 녹화는 허용되지 않는다. 기자들은 위 사람들을 대상으로 녹음 또는 녹화에 대한 동의를 개인적으로 요구할 수 있지만, 판사는 예외적인 경우 위와 같은 개인적인 동의에 의한 녹음이나 녹화까지도 금지할 수 있다.
- 피고인에게 사진촬영을 요구하는 것은 허락되지 않는다. 피고인의 음성은 녹음될 수 있지만 피고인이 자신의 음성이 녹음되는 것에 이의를 제기하는 경우, 판사는 녹음을 금지시키거나 피고인의 음성을 변조할 것을 명령할 수 있다.

10 자세한 내용은 김주경, 『네덜란드의 사법개혁과 법조인 양성제도에 관한 연구』, 사법정책연구원(2016), 75 이하.

D. 보호관찰

4.19 보호관찰의 조직

1823년 이래 재소자 도덕성개선 협회가 민간주도로 설립된 이후 네덜란드의 보호관찰제도는 종교단체 등 많은 협회에 의해 확장되었다. 이 협회들은 모두 보호관찰 활동을 교도소방문, 사회연구보고서의 작성지원, 사회복귀 지원 등 크게 3가지의 임무에 중점을 두었다. 보호관찰제도는 지난 수십 년간 예산삭감에도 불구하고 효율성을 증가하기 위해 개편되었다.

현재 네덜란드 보호관찰서비스는 보호관찰활동을 위해 3개 이상의 기관에게 예산을 할당하는 네덜란드 보호관찰재단과 협력한다. 노숙자와 복합적인 문제들에 처해있는 청소년을 담당하는 구세군, 알콜중독자와 약물중독자의 문제를 다루는 정신건강기구의 보호관찰단체, 그리고 5개의 지부에서 상근직원 11명에서 15명이 근무하는 60개가 넘는 실행부서를 갖춘 국립보호관찰소가 그것이다.

보호관찰재단은 1995년 보호관찰규칙에 의해 운영된다. 보호관찰재단의 업무는 각 지방법원의 관할권에 상응한 법률상 보호관찰활동으로서 사회복지에 관한 전문적인 보호관찰 교육을 받은 공무원들이 수행한다. 이와 같은 활동을 위하여 재단은 법무부로부터 매년 예산을 받는다.

4.20 주요 기능

보호관찰의 주요 기능은 1995년 보호관찰규칙 제8조 내지 제14조에 규정되어 있다.

- 경찰에게 체포된 자로서 공판전 미결구금된 당사자의 조기 원조에 대한 규정;
- 형사사법기관, 범죄인의 요청에 의하거나 보호관찰기관이 자발적으로 결정을 내릴 수 있도록 하는 규정;
- 유죄판결을 받은 자를 돕고 감독하는 규정;
- 공판정에서 범죄인을 지원하는 것;
- 행동장애 범죄인을 지원하는 것;
- 자유형 집행의 마지막 단계와 자립지원을 위한 보호관찰 활동;
- 사회봉사벌칙을 준비하고 실행하며 전자감시와 같은 대체자유형, 사회봉사벌칙 준수의 감독을 포함한 사항들을 관장하는 기관에 정보를 주는 것.

2002년 이래 예산삭감 때문에 보호관찰활동은 상당히 제한되었다.

4.21 자원봉사자의 역할

보호관찰 활동에는 두 종류의 자원봉사자가 있다.

- 보호관찰재단의 요청에 의해, 법률상 보호관찰 업무실행에 협력하는 개인적인 자원봉사자; 그리고
- 법률상 보호관찰 활동에 밀접하게 관련된 프로젝트를 추진하거나 개발하는 자원봉사자조직

4.22 판결시행기관

전산화된 독방제로 운영되는 자유형선고의 집행은 법률상 검찰의 업무이나 사실상 법무부산하의 국가교정기관에 의해 수행되었다.

국가교정기관은 안전과 효율성 그리고 자유형과 보안처분의 인도적인 집행을 보장해야 한다. 교도소의 조직은 분산되어 있다. 교도소 정책의 구체적인 전략은 법무부장관에 의해 발전되었고, 장관은 교도소정책의 발전에 대한 정치적인 책임을 진다. 법무부산하의 국가교정기관은 교도소장과 교정직원들에 의해 전략적인 교도소 정책을 실행에 옮긴다. 교도소조직의 정책입안부서와 정

책실행부서는 매우 유리한 조건에서 직무를 수행한다. 왜냐하면 교도소운영팀은 인사와 재정문제에 독립성이 인정되는 등 넓은 권한이 인정되고 있기 때문이다.

E. 변호인

4.23 네덜란드 변호사 협회

네덜란드의 변호사 수는 2012년을 기준으로 약 17,000명이며 인구 10만 명당 변호사의 수는 약 101.3명으로서 유럽평의회에 소속된 유럽 국가들의 인구 10만 명당 평균 변호사 수가 약 139.5명인 점에 비추어 보면 그 수가 상대적으로 적다.

형사사건에서 법률적인 도움과 법률구조는 네덜란드 지방법원에 등록된 변호사 또는 네덜란드에 등록된 변호사와 협력하기로 한 다른 유럽연합 국가들의 변호사들이 제공한다. 대학의 법학학위와 더 나아가 전문적인 교육을 받은 자는 변호사로 등록할 수 있는 법적 자격을 가진다. 등록된 변호사는 대체로 자신이 고용한 직원들과 함께 일한다. 약 3,000개 정도의 로펌이 있는데, 대다수의 회사는 20명 이하의 변호사로 운영되는 소규모이며, 드물게 소수만이 단독변호사이다.

등록된 모든 변호사는 네덜란드 변호사협회 회원이 되어야 한다. 변호사협회의 위원장은 지역변호사협회에서 선출된 대표자총회 대의원에 의해 선출된다. 변호사협회 회장은 변호사들의 정당한 법의 실천을 장려하고 이를 위해 모든 수단을 동원할 수 있다.

모든 등록된 변호사는 변호사협회의 징계법의 규정에 따라야 한다. 징계의 관할권은 첫 번째 단계에서는 징계위원회이고, 항소사건에서는 징계법원이다. 징계의 제재는 등록된 변호사가 법률서비스를 제공해야 하는 사람들의 이익과 충돌하는 부적절한 활동과 태만에 대해 부과된다.

등록 조건, 등록된 변호사의 권한과 의무, 변호사협회의 조직, 그리고 징계법규는 1952년 변호사법에 의해 규율된다.

엄격한 의미에서 변호사는 공법상 조직도 아니고, 심지어 형사사법체계상 공무원도 아니다. 그럼에도 불구하고 변호사는 초기수사와 재판, 양자에서 효과적 방어를 이끌기 위해 폭넓고 명확하게 사법기관에 의존한다.

4.24 법률적인 도움

형사소송법상 피고인은 항상 한 명 또는 그 이상의 변호사를 선임하도록 한다. 원칙적으로 피고인은 선임된 변호사에게 비용을 지불해야 한다. 형사소송법은 기소되어야 할 범죄에 관련된 사건에 변호사를 선임할 수 있다고 규정하고 있다. 이러한 사건의 비용은 형사사법기관이 지불한다. 자유를 박탈당하는 사건과 관련된 경우 변호사는 자동적으로 선임된다. 피의자가 경찰서에 유치되면, 의무적으로 변호사의 법률적인 지원이 주어진다. 이러한 변호사선임은 피의자가 경찰서에 유치되었을 때 지방법원장의 직권으로 승인된다.

더 나아가, 변호사는 저소득 피의자를 변호하기 위하여 지역법률구조위원회의 요구에 의해서도 지명될 수 있다. 대개 피의자는 자기 수입에 비례하여 일정한 금액을 위원회 지불해야 한다. 법률구조에 대한 규칙은 1993년 법률구조법에 있다.

결국 형사사건에서 활동하는 변호사는 일반적으로 피의자가 선임한다. 변호사의 수임료는 고정된 비율에 따라 계산되며, '치료 없으면 지불 없다'라는 합의는 허용되지 않는다. 변호사의 선임시스템과 수임료의 액수는 변호사에게 위임하는 등급에 영향을 미치는 요인들에 상응한다.

05

네덜란드 형법의 논점

5.1 범죄의 정의

네덜란드 형법전은 범죄의 개념을 정의하고 있지 않다. 형법전은 처벌될 수 있게 충족해야 하는 요건들과 다양하게 처벌될 수 있는 행위들의 법적인 정의개념들을 다루고 있다.

어떤 범죄의 법률상 정의는 범죄의 구성요건으로 이루어진다. 범죄구성요건은 검사의 공소장에 기재되어야 하고, 법원에서 범죄인에게 선고하기 전에 이러한 구성요건들의 존재는 검찰이 제시한 사실에 의해서 증명이 되어야만 한다. 공소장에 구성요건을 기재하지 않았다면 기소는 무효가 되어야 한다.

검사가 증거에 의해 기소된 범죄사실을 증명하지 못하면 피고인을 석방하여야 한다.

실제로 법률상 범죄라고 개념정의 되어있는 행위를 한 자는 형사상 책임이 있다. 실체법으로서 형법은 항변사유를 전제하고 있지 않다. 만약 정당화사유와 같은 항변사유의 표지들이 존재한다면 대부분의 피고인은 항변할 것이고, 법원은 항변사유가 적용될지 아닐지 규명해야 한다. 항변사유가 인정된다면 법원은 피고인을 석방해야 한다. 죄형법정주의의 관점에서 어떤 범죄의 법이 정한 행위요소는 실체형법에서 중요한 역할을 한다.

5.2 죄형법정주의

형법전은 죄형법정주의를 확립하고 있다. 형법 제1조는 '사전에 법률적으로 형법전에 규정되어 있지 않다면 어떠한 행위도 범죄를 구성하지 않는다.'고 규정한다. 헌법 제16조도 이와 유사한 조항이 명시되어 있다. 죄형법정주의는 독단적으로 형사사법을 운영하지 못하도록 보증하며, 법률적 명확성을 높은 수준으로 요구한다. 죄형법정주의는 오직 입법부만이 범죄를 규정할 수 있도록 보장함에 더해, 법원이 형법규정을 유추해석하여 새로운 범죄를 창조하지 못하도록 보장한다. 더욱이 죄형법정주의는 새로운 형법규정을 소급하여 적용하지 못하도록 보장한다. 만약 새로운 규정이 이전의 규정을 대체하고, 범죄에 대한 새로운 규정이 범죄자에게 유리하거나, 부과되어야 할 최고형벌의 감소가 해당범죄의 가벌성에 대한 입법자의 관점 변화의 결과일 때에는 소급효금지의 원칙은 적용되지 않는다. 이러한 경우들에 대해서는 행위자에게 가장 유리한 규정들을 적용하여야 한다. 뿐만 아니라, 죄형법정주의는 오직 법률이 명시적으로 정한 형벌만을 부과할 것을 요구한다.

5.3 네덜란드 형법의 적용

네덜란드 형법 제2조 내지 제7조는 네덜란드 형법의 적용에 관한 조항들을 포함하고 있다. 네덜란드 형법은 속지주의원칙에 의해서 네덜란드 영토나 네덜란드영토 외의 네덜란드 선박 또는 항공기 내에서 죄를 범한 사람 누구에게나 적용된다.

보편성의 원칙 또는 보호주의에 의하여, 네덜란드영토 외에서 네덜란드 국가의 이익이나, 네덜란드 경제의 이익에 관한 범죄를 저지른 자는 네덜란드 형법의 적용을 받는다.

적극적인 속인주의를 채택할 경우 네덜란드영토 외에서 네덜란드 형법상 범죄를 구성하고 해당 외국에서도 범죄가 되는 네덜란드국적을 가진 모든 이에게 적용될 수 있다(2중의 범죄요건). 그중에서도 특히 네덜란드의 안보나 왕실의 존엄을 해하는 범죄들을 포함한다.

뿐만 아니라, 네덜란드 형법은 외국 검찰이 기소하여 조약에 의해 네덜란드에 인도된 범죄인에게도 적용한다.

마지막으로, 네덜란드 형법은 네덜란드 공공기관에 고용된 공무원들이 직권남용과 관련된 심각한 범죄를 해외에서 범한 경우에도 적용한다.

5.4 범죄의 분류

모든 형법 위반행위는 범죄와 질서위반행위로 분류된다. 양자 사이에는 명확하면서 결정적으로 질적인 구분기준이 있는 것은 아니지만 이 구분은 모든 형사입법에 사용된다. 입법자는 형법 위반행위를 범죄로 구성할지 아니면 질서위반행위로 구성할지 결정한다. 형법 위반행위 분류는 형법상 위법행위가 어떤 법원에 의해서 심리되어야 하는가라는 질문에 의해서 결정된다. 범죄는 경찰판사[police judge] 또는 지방법원의 합의부판사에 의해서 심리되고, 반면에 질서위반행위는 지역법원판사[cantonal judge]가 심리한다(형사소송법 제382조). 더욱이 이 분류는 질서위반행위의 미수나 질서위반행위의 공범자로서 종범은 형법상 책임을 지는 원인이 아니기 때문에 중요하다.

경미한 교통위반은 형법상 범죄행위가 아닌, 행정위반행위에 해당하고, 법원의 직접적인 개입 없이 행정적인 절차를 통해서 집행된다. 이러한 행정위반행위는 경찰에 의해 행정상 과태료로 집행된다. 만약 일정한 기간 안에 검찰에 불복신청이 제기되어지지 않는다면, 행정위반에 대한 경찰공무원이 결정한 행정상 과태료는 확정된다. 불복신청을 한 경우에는 검사는 이 사건을 재조사해야 하고, 경찰관의 결정을 무효로 할 수 있다. 검사가 행정상 과태료를 재확인 했을 경우에는, 한 쪽에서 행정법원으로서 소송을 담당하고 있는 지방법원의 지역판사[cantonal judge]에게 항고 할 수 있다. 행정상 질서위반행위에 대한 가장 상위의 행정상 항소법원은 Leeuwarden에 있는 항소법원이다.

5.5 몇 가지 중요 범죄규정

의도적인 살인(형법 제287조): 의도적으로 타인을 살해한 자는 살인죄이며 15년 이하의 자유형 또는 45,000유로 이하의 벌금의 책임을 진다.

모살謀殺(형법 제289조): 의도적으로 그리고 미리 모의하여 타인을 살해한 자는 모살죄이며, 종신형 또는 20년 이하의 자유형 또는 45,000유로의 벌금의 책임을 진다.

폭행(형법 제300조): 신체적 학대는 2년 이하의 자유형 또는 11,250 이하의 벌금의 책임을 진다.

절도(형법 제310조): 불법영득의 의사로 타인의 전부 또는 일부 소유의 재산을 절취한 자는 절도죄에 해당하며, 4년 이하의 자유형 또는 11,250유로 이하의 벌금의 책임을 진다.

강도(형법 제312조): 절도를 준비하거나 용이하게 하기 위한 목적으로 범죄자가 체포될 때 자신뿐 아니라 중범죄에 참여한 공범의 안전한 도주를 위해서 또는 훔친 재산의 안전한 소유를 위해서 절도에 앞서, 절도에 수반하여 또는 절도에 뒤따라 타인을 폭행하거나 협박한 자는 9년 이하의 자유형 또는 45,000유로 이하의 벌금의 책임을 진다.

5.6 형법상 최소한 책임연령

형법상 책임을 질 수 있는 최소한의 나이는 12세이다. 12세 미만 아동의 범죄는 기소할 수 없으나 민법상 청소년 처우센터로 보내는 위탁과 같은 조치는 허용될 것이다. 12세에서 16세의 청소년에게는 청소년형법이 적용된다. 또한 16세에서 18세의 청소년에게도 역시 원칙적으로 청소년형법이 적용된다. 그러나 소년법원은 청소년이 범한 중대한 범죄를 저지른 이유로 범행을 저지른 배경, 범인의 성격 또는 범행을 저지르게 된 환경 등을 발견할 경우 성인형법을 적용할 수도 있다. 또한 같은 이유로, 18세에서 21세인 성인도 성인형법 대신에 청소년형법이 적용될 수 있다. 법률상 성인은 18세이다. 형법상 책임을 질 수 있는 법률상 최고연령은 존재하지 않지만 그럼에도 검사가 기소할지 여부를 결정 할 때 고령의 나이는 고려될 수 있다.

참고

우리 형법 제9조는 "14세 되지 아니한 자의 행위는 벌하지 아니한다"라고 규정하여 형사미성년자는 이유를 묻지 않고 처벌하지 않는다. 순수한 생물학적 기준으로 실제 나이가 14세 미만자를 처벌하지 않는 이유는 정신적, 신체적 발육이 미약하여 자유의지가 아직 형성되기 전이므로 교육 내지 보호의 대상이라고 보기 때문이다.

그러나 14세 미만자에게는 형벌이 부과되지 않는다 하여도 전형적인 특별예방사상을 담은 소년법상 형사제재는 부과된다. 그 내용을 간략하게 정리하면, 소년법-소년은 19세 미만자이다(법 제1조). 10세 미만-불벌; 10-14세미만 촉법소년 및 우범소년-보호처분의 대상(제32조); 범죄소년 14세-19세미만-장기 2년 이상의 유기형에 해당하는 범죄를 저지른 경우 장기 10년 단기 5년을 넘지 않는 부정기형; 18세 미만 소년에 대해서는 사형 또는 무기형을 과할 수 없다(15년 유기징역으로 함), 제17조의2-국선변호인에 관한 규정하고 있다.

최근 청소년의 심각한 사회문제가 대두되고 있어 소년법 폐지나 개정이 논의되고 있는데, 네덜란드가 형사미성년자를 12세로 확정하고 있는 점도 참고할만하다.

5.7 인과관계

많은 범죄의 법률상 정의에 따르면 모살죄 규정과 같이 특별한 종류의 해악을 범죄를 구성하는 원인으로 규정하고 있음에도 불구하고 형법전은 일정한 행위가 결과의 원인이 되는 조건들을 정의하고 있지 않다.

인과관계의 기준은 최고법원의 판례법에서 발전되었다. 처음에 법원은 인과관계의 기준으로서 결과에 대한 합리적인 예견가능성을 사용했다. 오늘날 법원은 판례법에서 합리적인 귀속가능성을 기준으로 삼는다. 다른 행위가 유력하게 결과에 영향을 주지 않는 한 결과에 대한 예견가능성은 여전히 중요한 요소이다.

5.8 주관적 요소들

법률상 범죄의 정의는 보통 고의, 과실과 같은 정신적인 요소를 포함하고 있다. 이러한 주관적 요소는 범죄의 책임을 지우기 위해서 반드시 존재해야 하며, 법원이 범죄자로 선고할 수 있기 전에 반드시 검사가 입증하여야 한다. 범죄에 대한 주관적 요소의 존재가 증명이 되지 않으면 무죄가 된다. 네덜란드 형법은 엄격한 책임의 개념을 구체적으로 규정하고 있지 않다.

형법위반행위의 주관적 요소가 범죄의 한 요소로 법률상 정의되어 있지 않은 경우 대부분은 질서위반행위이다. 이것이 책임이나 비난가능성 없이는 형사책임이 없다는 네덜란드 실체 형법의 핵심적인 원칙이다.

5.9 책임

책임은 고의와 과실 두 가지 형태로 구분된다. 고의범은 의사와 인식적(지적)인 행동을 포함할 뿐 아니라 높은 수준의 가능성에 대한 인식이 있는 행동도 포함한다. 고의는 범죄자가 어떤 결과가 발생할 수 있는 충분한 가능성을 의지적으로 그리고 인식하면서 용인하고 있는 사례로 미필적 고의의 형태로도 나타날 수 있다. 미필적 고의개념은 법원실무에서 아주 자주 적용된다.

과실은 인식 있는 과실 그리고 인식 없는 과실을 모두 포함한다. 인식 있는 과실은 행위자가 그의 행위로 인한 구성요건이 존재하거나 결과발생에 대한 상당하고도 부당한 위험을 인식했으나, 비합리적인 근거에 의해서 위험이 실현될 것으로 생각하지 않은 경우이다.

인식 없는 과실은 범죄자가 위험을 인식하지 못했지만, 위험을 인식했어야 하는 경우에 나타난다.(경솔함 또는 부주의)

참고

네덜란드는 독일형법이론의 영향에서 비교적 자유로워서인지 고의와 과실을 책임요소로 보고 있다. 이에 반해 우리 형법이론은 목적적 범죄론 체계와 합일태적 범죄론 체계의 영향을 받아 고의와 과실을 주관적 구성요건요소로 본다.

·책임요소설(고전적 범죄론 체계)-인과적 행위론에서는 '유의적 거동에 의한 외계의 변화'가 행위이고, 여기서 유의성의 내용은 책임단계에서 검토한다고 한다. 객관적인 것은 불법으로, 주관적인 것은 책임으로라는 인과적 행위론의 대명제에 입각하여 볼 때 고의, 과실은 책임요소가 된다. 이 설에 따라 고의를 책임단계에서 고려하게 되면 행위자의 주관적 구성요건요소를 고려할 수 없게 되어 살인행위와 상해치사행위, 과실치사행위를 구성요건과 위법성의 단계에서는 구별할 수 없게 된다는 비판을 받는다.

· 고의의 이중기능설(합일태적 범죄론 체계) - 고의는 구성요건요소이면서 책임요소라는 입장이다(통설). 고의와 과실은 불법이 다를 뿐만 아니라 책임에도 차이가 있다는 의미에서 고의의 이중기능을 인정한다. 따라서 고의를 구성요건적 고의와 책임고의의 두 종류로 나누어 생각한다. 구성요건적 고의란 행위반가치로서의 고의를 말하며 책임고의란 심정반가치로서의 고의를 말한다. 즉 구성요건적 고의란 불법한 방향으로 행위를 결정지었다는 것에 대한 반가치 즉

행위반가치를 의미하며 책임고의란 행위자가 불법한 의사결정(의사형성)을 했다는 것에 대한 반가치 즉 무언가를 잘못하고 있다는 심정반가치를 의미한다.

5.10 정당화사유와 면책사유

형법전은 항변사유에 관한 다수의 조항들을 규정하고 있다. 이러한 법률상 항변사유에 더하여 대법원의 판례법에서 발전된 법이 규정하고 있지 않은 두 가지 항변사유들도 있다.

형법전은 정당화 사유와 면책사유를 구분하지 않는다. 그러나 학설은 정당화 사유와 면책사유를 구분하며, 이 두 경우 행위자는 형법상 형사상의 책임을 지지 않는다. 현재 유력한 견해는 정당화 사유는 행위의 합법성과 관련되어 있고, 반면에 면책사유는 비난가능성과 관련되어 있다. 만약 정당화 사유가 인정된다면 형법을 위반하더라도 범죄를 구성하지는 않는다. 만약 면책사유가 인정된다면 형법을 위반한 행위는 범죄에 해당하지만 행위자는 그가 저질렀던 범죄에 대하여 비난받을 수는 없다. 모든 항변사유들은 모든 범죄와 관련되어 행사할 수 있다.

법률상 정당화사유들은:

- 긴급피난(형법 제40조)
- 정당방위(형법 제41조)
- 공적인 의무(형법 제42조) 그리고,
- 권한 있는 기관의 공무상 명령에 대한 복종(형법 제43조)

정당화 사유가 인정되기 위해서는 보충성의 원칙과 균형성의 원칙의 요건을 충족하여야 한다.

법률상 면책사유들은:

- 정신이상(형법 제39조)
- 강요에 의한 행위(형법 제40조)
- 과잉방위(형법 제41조 제2항)
- 권한 없이 내려진 명령에 대한 복종(형법 제43조 제2항)

판례법에서 발전된 두 개의 추가적인 항변사유로는, 첫째, 실질적으로 불법성이 없으면 정당화된다. 다른 하나는 무지로 인한 비난가능성이 없는 경우에 (사실의 착오 또는 법률의 착오) 면책된다. 두 가지 경우 모두 형사상 책임을 지지 않는다.

5.11 정당화사유

- 긴급피난

형법 제40조는 '누구든지 피할 것을 예상하지 못하는 힘에 의한 결과로 인해서 죄를 범한 경우에는 형사상 책임을 지지 않는다.' 라고 규정하고 있다. 형법전의 역사적인 기초에서 대법원은 긴급피난을 정당화사유에 포함시켰다. 긴급피난은 어떤 사람이 충돌하는 의무들 사이에서 선택을 해야만 하는 상황이다. 만약 이런 상황에 있는 사람이 가장 중요한 것을 선택하고 그 행위로 인하여 법을 위반하게 되었다면, 그의 행위는 대법원에 의해 정당화된다. 바로 보충성의 원칙과 균형성의 원칙이 표현되어 형식화된 것이다.

- 정당방위

형법 제41조는 '누구든지 그의 신체 또는 타인의 신체, 자기 또는 타인의 완전성 또는 재산에 대한 현재의 불법한 공격에 대항하여 필요한 방어행위로 범죄를 범한 경우에는 형사상 책임이 없다.'라고 규정한다.

일반적으로 그 자신의 손으로 정의를 지킬 수는 없다. 그러나 현재의 불법한 공격을 쉽게 또는 합리적으로 달리 피할 방법이 없는 경우에는, 힘으로 힘을 물리칠 수 있다(보충성). 폭력의 정도는 상당해야 한다(균형성). 폭력이 합리적이었는지 평가함에 있어 형사법원은 행위자의 개인적인 특징들을 고려할 것이다.

- 공적인 의무와 공무상 명령

형법 제42조는 '누구든지 법률상 요구사항을 이행하여 죄를 범한 경우 형사상 책임이 없다'라고 규정한다.

형법 제43조는 '누구든지 권한 있는 기관에 의해 내려진 공무상 명령을 이행하여 죄를 범한 경우 형사상 책임이 없다'라고 규정한다.

행위자는 정부기관 또는 공무원의 권한에 따라 행위한 것이므로 처벌받지 않는다.

- 실질적 불법성의 결여

이 정당화사유는 대법원의 판례법에 의하여 발전되어 왔다. 1933년 대법원은 범죄의 법률상 정의에 불법성이 요건으로 되어 있지 않음에도 불구하고(따라서 불법성은 증명이 될 필요가 없다), 범죄인의 행위가 실질적으로 불법성의 결과에 해당하지 않으면, 유죄선고를 할 수 없다고 선언하였다. 법과 충돌하는 어떤 행위가 법에서 보장하는 같은 이익을 보호하는 때가 이런 경우이다. 이 법률상 규정되지 않은 정당화 사유의 효력범위는 제한적이며, 1933년 이후 법원은 다시 반복적용하지 않았다.

5.12 면책사유

- 정신이상

형법 제39조는 '누구든지 정신장애 또는 정신병으로 인하여 책임능력이 없는 상태에서 죄를 범한 경우 형사상 책임을 지지 아니한다.'라고 규정한다.

법률상 또는 판례법에서 정신이상의 기준을 정하여 놓고 있지 않지만, 실무상 행위자가 행위시 정신장애나 정신병으로 인해서 형법상 범죄행위를 하였다면, 그의 행위의 불법성을 알아차리거나 법률이 요구하는 행위를 할 수 있는 현실적인 능력이 없다.

법원이 행위자가 책임을 질수 있는지 여부를 판단할 때 정신과 의사의 보고서를 이용한다.

- 강요에 의한 행위

형법 제40조는 긴급피난과 강요에 의한 행위 둘 다 포함한다. 적절한 방법으로 피할 수 없는 외부의 힘의 억압 하에서 행동한 행위자는 면책된다. 외부의 힘은 다인의 불법한 협박이나 자연력 등이 이에 해당할 것이다.

만약 어떤 사람이 그의 도덕적 양심의 압박 때문에 행위한 경우라면 강요에 의한 행위의 면책사유에 해당하지 않는다. 강요에 의한 행위란 행위자의 의지가 그의 행위에 대한 비난을 할 수 없을 정도로 손상된 경우이다.

- 과잉방위

형법 제41조 2항은 공격을 받아 격한 감정으로 인한 직접적인 결과로, 필요한 방위의 한계를 초과한 자는 형사상 책임을 지지 않는다고 규정한다. 불법한 공격이 격정, 분노, 두려움 또는 절망과 같은 격한 감정을 유발한 경우 피공격자는 그 상황을 벗어나기 위한 합리적인 방법을 사용하는 등 적절하게 대응할 수 없을 것이다. 격한 감정으로 인해 그는 과잉반응하며 적정하지 않은 정도의 유형력을 행사할 수 있다. 따라서 공격의지를 꺾기 위한 피공격자의 행위는 비난할 수 없다.

- 불법명령에 복종

형법 제43조 제2항은 권한 없이 내려진 공무상 명령에 따르는 것은 그 명령이 권한에 의한 것이라는 성실한 믿음이 있는 경우와 그러한 명령에 순응하는 입장에 있는 경우를 제외하고는 형사상 책임을 배제하지 못한다고 규정한다. 성실한 믿음은 주관적, 객관적인 면 양자를 모두 충족해야할 것이다. 후자는 명령에 따를 때 신중해야할 책임이 여전히 있고, 의심스러운 경우에는 명령에 복종하지 않아야 한다는 것을 의미한다.

- 기타 비난가능성의 부재不在

비난가능성이 없어 면책된다는 '비난가능성 없이는 형사상 책임 없다'는 원칙은 성문법을 보완하는 차원에서 최고법원의 판례법에서 발전하여왔다. 비난가능성의 부재는 사실의 부지不知 또는 법률의 부지不知로 인해 발생할 것이다. 사실의 부지는 반드시 합리적이어야 한다. 범죄자는 부지에 빠지지 않도록 모든 방법을 동원하여 합리적으로 노력했어야 한다. 만약 부지가 나태, 경솔, 무관심으로 인한 것이라면, 비난가능성은 배제되지 않는다. 법의 부지는 모든 사람이 법률을 알아야 한다는 추정을 완화하는 역할을 한다. 법률의 부지는 범죄자가 적극적으로 권한 있는 사람이나 기관에게 법률에 대한 전문적인 조언을 구하였지만, 잘못 알려준 믿을만한 조언을 합리적으로 신뢰한 경우에만 면책된다. 경찰 또는 공증인 또는 해당부서의 공무원이 알려준 잘못된 정보로 인한 부지는 면책되는 법률의 부지가 될 것이다. 그러나 범죄자의 변호사와 같은 상담자의 잘못된 정보로 인한 부지는 면책되지 않는다.

5.13 미완성범

범죄가 완성되지 않은 미완성범은 두 종류로 구분된다.

- 미수범

미수범은 범죄를 행한다는 범죄인의 의도가 명백할 때 처벌할 수 있다(형법 제45조). 미수범의 경우 법률상 원칙적으로 1/3로 형을 감경한다. 이렇게 형벌을 감경하는 이유는 두 가지이다. 미수는 범죄가 기수에 이르렀을 때보다 사회에 실제로 덜 위험해서이며, 범죄를 완성시키지 않은 범죄인에게 보상하기 위해서이다.

형법은 범죄의 예비가 종료되는 때와 범죄를 실행하는 시점을 규정하고 있지 않다. 최고법원의 판례법은 객관설을 따른 것으로 보인다: 외부로 발현된 행위가 범죄의 완성에 직접적인 것으로 간주될 수 있어야 범죄의 실행 착수한 행위이다. 만약 오직 범죄인의 의지로 인해 범죄가 완성되지 않은 자발적인 포기(형법 제46조b: voluntary withdraw)는 미수범으로 처벌하지 않는다. 범죄를 완성시키지 않은 범죄인의 동기는 중요하지 않다.

자발적인 포기(중지미수)를 처벌하지 않는 두 가지 이유는: 자발적으로 범죄를 완성한자보다 악하지 않으며, 범죄를 완성하지 않은 것에 대한 보상이 될 수 있기 때문이다.

- 예비

예비는 범죄의 실행에 착수하지 않았기 때문에 미수범의 범위에 해당하지 않는다. 범죄를 예방하기 위해서 경찰이 심각한 죄를 예비한 범죄자를 체포하지 않는 것에 대해서 불만이 있을 수 있다. 따라서 1994년 중대한 범죄를 예비한 자는 8년 이하의 자유형에 처할 수 있도록 범죄화하였다(형법 제46조). 이러한 범죄에 대한 예비는 범죄자가 의도적으로 획득, 제조, 수입, 유통, 수출 또는 처분물, 목적물, 금전 또는 대가의 다른 도구, 정보나 정보매개체를 가지고 있거나 은닉장소 또는 운송수단이 명백하게 범죄의 수행을 의도한 경우에 처벌된다. 예비의 경우 최고형은 규정된 형벌의 절반으로 감경되며, 종신형의 경우에는 10년 이하로 감경된다. 범죄자의 의지로 범죄가 완성이 되지 않은 경우 예비로 처벌하지 않는다.(형법 제46조b)

- 공범

공범은 범죄사실의 이전 또는 진행 중에 그와 관련된 정범 또는 종범으로 구별된다.

정범은 그 자신이 죄를 범한 자 뿐만 아니라 다른 사람과 협력하여 또는 선량한 자에게 범죄를 저지르게 한 자, 그리고 선물, 약속, 권한남용, 폭력사용, 협박 또는 기망, 범죄의 기회, 수단, 또는 정보 등을 제공하여 의도적으로 범죄를 저지르게 한 자이다(형법 제47조).

종범은 범죄를 실행하는 동안에 범죄를 위한 기회, 수단 또는 정보를 제공하여 고의로 범죄수행을 도와주는 것이다(형법 제48조).

질서위반행위에 대한 종범은 처벌하지 않는다. 종범의 경우 정범의 법정최고형의 1/3로 형이 감경된다. 종신형의 경우 종범은 최고 15년 이하의 자유형으로 감경될 수 있다.

- 법인의 형사 책임

형사책임은 자연인에 한정되지 않는다. 사법인 또는 도나 시 같은 지자체 등 공공법인도 범죄에 대한 형사책임의 주체가 될 수 있다(형법 제51조). 공공법인으로서 국가는 면책권을 누린다. 그러나 행정부와 같은 국가기관은 형법 제51조의 적용을 받는다. 법인이 형법상 범죄를 저지른 경우 검사는 회사에 대해서 그리고/또는 회사 내에서 형법상 범죄를 저지르도록 명령한 자연인 그리고 위법한 행위를 조종한 자연인에 대해서 기소할 수 있다. 현실적으로 일어나는 행동을 결정할 위치에 있거나, 금지된 행위를 예방하는 조치를 취해야 하는 위치에 있는 자가 의도적으로 방관하여 위험이 발생한 경우, 자연인과 법인 양자 모두 범죄에 대해 책임이 있다.

만약 법인 자체 또는 관리자가 범죄행위의 발생을 조종할 위치에 있거나 더 나아가, 법인에 의해서 이러한 범죄행위의 사건과정이 법인에 의하여 수용되었다면, 법인은 형사범죄를 범한 것이다.

참고

우리의 형법이론과 판례에 의하면 형법구성요건의 행위주체는 원칙적으로 자연인이다. 종래 전통적 형법이론은 원칙적으로 자연인만 행위주체가 될 수 있는 범죄능력과 형벌을 과할 수 있는 형벌능력을 가진다. 그러나 현대산업사회에서 법인의 역할과 그로 인한 유해식약품 제조, 환경오염행위 등 대규모 기업범죄의 역기능적 위법행위 등을 감안해 볼 때 자연인으로서 법인의 대표기관 뿐 아니라 법인자체에게도 형법상 제재를 가해야 한다는 점에 대한 의견이 확산되어왔다. 특히 현행 각종 형사특별법에는 종업원의 범죄행위가 있으면 법인에게도 형벌을 과하는 양벌규정이 산재해 있어 그 성격에 대해서는 논란이 있지만, 현실적으로는 법인을 처벌하고 있다.

법인이 상가를 이중으로 분양한 부동산 이중매매의 배임죄 성립여부와 관련된 사건에서 대법원은 법인의 범죄능력을 부인하는 부정설을 취하고 있다.

(대법원 1984.10.10. 82도2595 전원합의체) 배임죄에 있어서 타인의 사무를 처리할 의무의 주체가 법인이 되는 경우라도 법인은 다만 사법상의 의무주체가 될 뿐 범죄능력이 없는 것이며 그 타인의 사무는 법인을 대표하는 자연인인 대표기관의 의사결정에 따른 대표행위에 의하여 실현될 수 밖에 없어 그 대표기관은 마땅히 법인이 타인에 대하여 부담하고 있는 의무내용 대로 사무를 처리할 임무가 있다 할 것이므로

법인이 처리할 의무를 지는 타인의 사무에 관하여는 법인이 배임죄의 주체가 될 수 없고 그 법인을 대표하여 사무를 처리하는 자연인인 대표기관이 바로 타인의 사무를 처리하는 자 즉 배임죄의 주체가 된다. (참고사례 - 대법원 1994.2.8. 93도1483; 법인을 직접 기소한 드문 예로는 대법원 1997.2.14. 96도2699 등)

형벌능력은 말 그대로 형벌을 받을 수 있는 능력을 의미한다. 범죄능력과 형벌능력은 일치해야 하는 것이 원칙이지만, 범죄능력이 없어도 형벌능력은 인정될 수 있다고 보는 견해가 일반적이다. 즉, 스스로 범죄를 범할 수는 없지만 관련된 자가 범죄를 범했을 때 윤리적 성격이 약한 행정형법 등 특수한 정책적 이유에 의해서 형벌능력은 인정될 수 있다는 것이다.

독일의 질서위반법 등 각국의 입법례가 주로 행정형법의 영역에서 양벌규정의 형식으로 법인의 형벌능력을 사실상 인정하고 있다. 우리도 약 300여 개 정도로 추산되는 각종의 행정형법에서[1] 행위자 이외에 법인을 처벌하는 양벌규정을 두고 있다.[2]

- **일사부재리의 원칙**[double jeopardy]

일사부재리(형법 제68조)는 같은 행위에 대해 이중으로 기소하는 것은 금지된다는 원칙이다. '최고법원에 의한 재심결정의 경우를

1 예컨대, 조세범처벌법, 관세법, 하천법, 수도법, 문화재보호법 등

2 양벌규정은 형법 제8조 단서 특별규정에 해당한다.

제외하고는, 누구도 (네덜란드)법원의 최종판결이 내려진 하나의 행위에 대해서 다시 기소당하지 않는다.

법률은 행위가 무엇을 의미하는지 규정하고 있지 않다.

최고법원의 판례법에 따르면, 하나의 행위가 한 개 이상의 범죄를 구성하면 각각의 행위를 기소할 수 있다. 그 범죄행위들은 서로 다른 금지의 대상이며 비난의 본질도 다르다. 남의 자동차를 무단으로 난폭하게 운전한 자[joyriding]는 남의 차를 운전한 죄와 위험한 운전으로 기소할 수 있다.

- 공소시효

범죄에 대한 기소는 시간적 제약을 받는다. 공소시효가 존재하는 근본적 이유는 범죄자의 처벌에 대한 사회적 필요성의 감소와 긴 시간의 공백 후에 증거 수집의 어려움과 관련되어 있다. 중대한 범죄일수록 공소시효의 기간이 길어진다.

형법 제70조에 따르면 공소시효는 모든 질서위반행위의 경우 2년부터, 법률에 정해진 종신형에 해당하는 죄에 대해서는 18년까지 정해져 있다. 3년 이하의 자유형에 해당하는 범죄에 대한 공소시효는 6년, 10년 이하의 자유형에 해당하는 범죄에 대한 공소시효는 12년, 그리고 10년 이상의 자유형에 해당하는 범죄에 대한 공소시효는 15년으로 규정되어 있다. 공소시효가 완성되면 면소판결을 내린다.

형의 집행을 위한 시효는 공소시효보다 1/3 더 늘어난 기간이다. 또한 형사정책적으로 살인범에 대한 공소시효 폐지와 종신형에 해당하는 범죄에 대한 공소시효는 30년, 10년 이상의 자유형에 해당하는 범죄에 대한 공소시효는 20년으로 시효를 연장하는 점에 대해서 논란이 있다.

06

네덜란드 형사 소송법의 논점

6.1 재판 전 수사

제1심 법원의 형사소송절차는 크게 재판 전 수사단계와 재판단계로 이루어진다.

재판 전 조사단계에는 검사의 지휘에 의한 경찰 수사와 예심판사에 의한 사법적인 예비조사 두 종류가 있다.

형사절차는 경찰에 범죄행위가 신고되자마자 경찰에 의해 실행되는 재판 전 수사에 의해 시작된다. 재판 전 수사의 목적은 범죄와 범죄피의자에 대한 정보를 수집하는 것이다. 피의자는 범죄를 저질렀다고 합리적으로 여겨지는 혐의를 받는 사람이다. 경찰은 범죄와 관련하여 이 사람이 피의자인지 아닌지 누구에게든 심문할 권리를 가진다. 그러나 누구도 경찰이 요구한 심문에 대답할 의무는 없다.

경찰은 피의자와 참고인의 진술조서(조사기록) 외에 범죄와 관련된 다른 중요한 사실에 대한 조사기록을 준비한다. 경찰이 준비한 선서 하에 작성된 진술조서는 법원에서 증거로 사용된다. 경찰은 합법적인 요건을 갖추어 체포, 신체수색, 그리고 수색과 같은 강제처분을 실행할 권한이 있다.

참고

네덜란드의 형사사법제도는 기본적으로 프랑스와 유사하다. 즉, 예심판사는 독자적인 수사권한을 행사하여 예심수사[preliminary judicial investigation]가 가능하며, 검사는 판사와 같이 사법관으로 간주되고 있고, 강제수사를 위해서는 예심판사의 승인이 필요한 경우가 많다. 네덜란드의 경우 수사권은 실무상 원칙적으로 경찰에 있고, 검사는 공소유지를 위한 수사를 할 수 있다. 네덜란드는 수사권이 있는 예심판사제도를 두고 있으나, 우리나라의 경우 수사권은 원칙적으로 검사에게 있고 (형사소송법 제195조, 제196조) 예심판사제도는 두고 있지 않다. 네덜란드 경찰은 한국에 비해 범죄수사에 대한 상당한 권한과 자율성을 갖고 있지만, 검찰을 통해 자의적 권한 행사의 통제가 이루어지고, 이러한 권한이 검찰과 경찰 사이의 적정한 업무 분담을 통해 효율적인 사건처리로 이어진다.

A. 경찰 수사

6.2 수사 방법들

형사소송법전은 수사처분에 대해서 체계적으로 규정하고 있지 않고 경찰이 사용하는 모든 수사방법에 대한 법률규정도 없다. 경찰에 의한 범죄자의 심문과 관련한 것 그리고 범죄자의 신원확인을 위한 DNA-tests의 사용 또는 통신감청과 같은 강제적 성격을 띤 수사방법과 관련하여 약간의 법률적 규정이 존재한다. 증인심문 또는 지문조회, Oslo-method를 통한 대면과 같은 조사의 기술적 방법의 적용 그리고, 수색견의 이용과 같은 다른 중요한 수사방법들에 대한 법률적 기초가 마련되었으며, 이러한 수사방법은 연방대법원의 판례법에서 허용되며 형성되었다.

네덜란드에서도 범죄수사가 시작되거나 수사방법이 동원되기 전에 범죄가 범해졌다는 상당한 혐의가 있어야 한다. 요즘 경찰은 범죄가 범해지기 전, 어떠한 범죄활동이 계획되어졌는지 확인하기 위해서 소위 사전적인 경찰활동[Proactive policing]으로서 네트워크, 집단, 개인에 대한 정보의 수집에 점점 더 집중하는 경향이다. 감시, 잠입, 그리고 정보제공자의 취급과 같은 사전경찰활동과 비밀수사방법[covert policing methods]은 2000년 특별수사권한법에 의해서 형사소송법에 법률적 기초가 마련되었다.

검사는 수사의 주재자이나, 실제 수사는 대부분 경찰, 특별수사관에 의해 이루어진다. 검사는 이러한 수사에 대해 감독권을 갖고 있고(형소법 제132 a조), 수사지휘권을 발동하여 이러한 감독권을 행사한다. 검사의 지휘는 경찰관에게 구속력이 있고 이에 따르지 않는 경우, 징계를 받을 수도 있다. 검사의 구체적인 지휘권은 형소법 제148조 제2항에 규정되어 있다. 검찰은 일반적인 지침[aanwijzing]을 하달하여 경찰력의 활용, 형사사건에서 증거수집 방법, 범죄유형에 다른 수사방법 등을 구체화한다.

수사는 크게 3단계로 구분하고 있는데, 1단계의 신고자 면담, 2단계는 보고서 작성, 3단계는 추가 수사로 나누어진다. 신고자 면담의 경우, 2인의 수사관이 면담에 참여해야 하고, 그 중 1인은 유자격 수사관이어야 하며, 조사는 음성 또는 영상 녹음(화)되어야 하고, 그 내용을 공식적인 보고서로 작성하여야 한다. 신고자가 신뢰관계자[confidential advisor]의 동석을 원하는 경우, 신뢰관계자의 역할, 영향, 증인인지 여부 등이 추가 조사되어야 한다. 중립성과 객관성 유지를 위해 성범죄 내용과 관련된 조사 부분에는 신뢰관계자의 동석이 허락되지 않는다. 다만, 검사의 승인이 있는 경우 동석이 가능하다.

경찰수사가 종결되면 그 수사기록들은 기소여부를 결정하기 위해서 검사에게 제출한다.

경찰은 수사과정에서 상대적 독립성을 갖고 있지만, 검찰에 사건을 송치한 이후에는 검찰의 통제를 받는다. 법률상으로 경찰은 모든 범죄에 대해 해당 범죄가 발견된 직후, 첫 번째 조사활동이 이루어진 때, 조사가 시작된 직후, 피의자가 발견된 때, 이를 검찰에 즉시 통지하여야 한다. 그러나 실무상 중요 범죄 사건에 대해서만 그 사실이 통지되고 있다. 다만, 강제수사와 같이 특별한 수사가 필요한 경우에 범죄정보가 즉각 검찰에 통지된다. 네덜란드에서는 검찰과 경찰 사이에 검찰의 업무량 경감을 위해 검찰서기가 경찰서에 파견되어 사건 송치를 점검하고 통제하고 있다.

참고

네덜란드의 경우 상대적으로 수사 방법에 대한 체계적 규정이 마련되어 있지 않으나, 우리나라의 경우 법 제2편 제1장 수사편(제195조 내지 제245조의4)을 두어 임의수사 및 강제수사에 관한 상세한 규정을 두고 있다. 그리고 수사의 주체를 검사에 한정하여 수사권 및 수사종결권을 검사에게 부여하고 사법경찰관은 검사의 지휘를 받아 수사를 할 수 있을 뿐이다.

반면 네덜란드 경찰과 검찰은 별도의 조직이고, 검사가 범죄수사에 대한 책임을 지고 있지만, 두 조직의 구성원 사이가 수직적인 관계는 아니다. 실무에서는 검사가 상대적으로 경찰에 의존하고 있는데, 범죄정보 수집에 대해 경찰에 의존하고 있고, 경찰이 수사를 개시하지 않거나, 정보를 공유하지 않는다면, 검사가 할 수 있는 일이 별로 없다.

그러나 새로 제정된 특수수사에 관한 법률은 복잡한 형사사건에 대한 검사의 직접 관여를 규정하고, 예심판사의 역할은 축소하였다. 또한 조직범죄와 화이트칼라 범죄에 대한 복잡한 경찰수사를 감시함에 있어 검찰의 자질과 능력 향상을 위해 두 개의 국가검찰청이 신설되었다. 오늘날에 이르러서는 검사가 직접 경찰이 수사하는 중대 범죄 내지 사회적 관심 사건에 대한 수사에 관여하고 있다.[1]

6.3 예심판사

사법적 조사의 2000년 개정법령 이후 재판 전 단계에서 예심판사의 역할은 감소하였다. 예심판사는 두 가지 기능을 수행한다. 즉 피의자를 공판 전 10일(최장 14일) 이상 구금해야할지 여부를 결정하는 것과 향후 계속 범죄를 수사해야 하는지를 결정하는 것이다. 예심판사는 경찰과 검사의 역할을 보완할 권한을 가진다. 검사는 충분한 이유가 있는 경우, 수사판사에게 예심 개시를 요청할 수 있다(형소법 제181조). 예심 개시 이후에도 검사는 범죄 수사를 계속 진행할 수 있으나, 그 수사의 진행과정과 수집한 결과물을 수사판사에게 고지할 의무가 있다(형소법 제177a조). 예심판사의 면전에서 증인들이 진술하도록 명령하고 증인 진술조서를 작성한다. 예심판사는 피의자의 정신감정, 관련 전문가의 증언 또는 DNA검사 같은 내밀한 신체검사 등을 명령할 수 있다. 만약 검사가 예심판사의 권한들 중의 하나가 범죄의 적절한 수사에 요구된

1 이치현, 「네덜란드의 검사와 사법경찰관의 관계」, 국외훈련검사 연구논문집 제29집 (2014), 427 이하.

다고 판단되는 경우, 예심판사에게 사법적인 예비적 수사에 착수할 것을 요청해야한다.

더욱이 예심판사는 거주자의 의사에 반하는 주거수색, 또는 기술적 방법에 의한 감청, 또는 우편물의 개봉 등 보통 경찰과 검사가 행하는 강제조치에 일정한 역할을 수행한다. 이러한 강제조치들을 수행하기 위해 경찰과 검사는 예심판사의 허가를 신청해야한다. 예심판사는 허가하기 전에 이러한 강제조치들이 법률적 필수요건을 갖추었는지 여부를 심사하여야 한다.

- 재판 전 사법수사

재판 전 사법수사 진행 중 예심판사는 경찰의 도움이 필요한 경우 그의 도움을 받아 더 많은 수사를 한다. 예심판사는 거주자의 의사에 반하여 주거수색을 할 수 있고, 그리고 컴퓨터 자료의 수사를 명령할 수 있다.

예심판사는 공판에 참석 할 수 없는 증인, 또는 보복의 두려움 때문에 재판에 출석하기를 꺼려하는 증인을 선서하게 한 후 심문한다.

이러한 경우에, 피의자의 변호인은 통지를 받고 그리고 심리에 출석하고 심문사항을 제출할 수 있다.

재판 전 사법수사는 공판절차에 이르는 오직 한정된 소송사건에서 한하여 이루어진다. 예심이 종결되면, 사건은 다시 검사에게 송치되고 검사가 기소 여부를 결정하게 된다.

참고

> 네덜란드의 경우 예심판사제도를 두어 예심판사에 의한 수사를 인정하고 있으나 우리나라의 경우 강제수사에 관하여 영장주의를 규정하고 있고, 또한 증거보전 제도(형사소송법 제184조-증거보전청구 및 절차, 제221조의2-증인신문의 청구)를 두어 위 기능을 수행하도록 하고 있다. 그러나 법원에 의한 수사권은 없고 검사의 청구에 의해 감정유치처분을 하여야 하는 경우(형사소송법 제221조의3)가 있다는 것이 차이점이다.

6.4 기소의 결정

경찰수사 또는 재판 전 사법수사가 종결되면 그 수사기록은 기소여부를 결정해야 하는 검사에게 보내진다. 검사는 다음의 결정을 할 수 있다.

- 공소 기각
- 화해(조정)에 의해서 사건의 해결 또는,
- 범죄자에 대한 소환 영장의 발부
- 제재 명령의 부과

검사가 기소 및 추가 기소에 대한 권한을 가지고 있고, 경찰은 사건을 기각할 수 없다. 성범죄에 대한 수사기록이 송치되면, 검사는 60일 이내에 기소 여부를 결정한다. 검사가 기소를 하지 않거나 특정 조건을 부과하여 불기소 처분을 하는 경우, 검사는 신고자에게 결정 내용은 물론, 형소법 제12조에 따라 항소심에 이의를 제기할 수 있다는 사실도 고지해야 한다. 검사는 신고자가 관련 형사절차에 대한 정보를 원하는 경우, 면담 기회를 부여할 수 있다.

참고

네덜란드와 달리 우리나라의 경우 수사단계에서부터 경찰은 검사의 지휘를 받도록 되어 있으며 공소권 역시 검사에게 부여되어 있다. 우리나라 역시 네덜란드와 같이 기소독점주의 및 기소편의주의를 규정하고 있다.(형사소송법 제246조, 제247조) 따라서 검사는 양형의 조건을 규정한 형법 제51조의 사유를 참작하여 공소를 제기하지 않을 수 있다.(형사소송법 제247조) 다만, 검사가 불기소할 경우 불기소결정서를 작성하여야 하며 대검찰청 예규에 의해 불기소 이유를 기재하도록 되어 있다.

- 불기소

검찰은 기소할 권한을 독점적으로 가진다. 검찰이 기소를 거부할 때에도 사적인 개인이나 단체에게 기소권한이 부여되지 않는다.

이러한 기소독점주의에 의해 검찰은 인지한 모든 범죄를 기소해야 하는 것은 아니다. 검찰은 증거불충분이나 기술적 또는 절차적 이유 때문에 확신에 이르지 않은 사건은 기소를 하지 않는 결정을 할 수 있다. 또한 검찰은 기소편의주의원칙에 의해 기소하지 않을 것을 결정할 수 있다. 116 CCP에 규정된 기소편의주의는 검찰이 공익을 위해 기소를 포기하는 권한을 부여하고 있다. 그 적절한 예로, 검사는 조건을 유보하여 기소중지를 결정할 수 있다. 기소중지에 대한 명문규정은 없으므로 이론적으로도 모호하지만, 검찰에게 기소를 중지하는 권한을 인정하는 것은 일반적으로 받아들여진다. 기소유예를 위한 명백한 일반원칙이나 특별한 요건은 존재하지 않는다. 그러나 실무에서는 검사에게 집행유예를 선고하는 경우와 비슷한 요건을 요구하고 있다.

1960년대 말 이전에는 불기소할 자유재량권한은 매우 제한된 범위 내에서 행사되었다. 그러나 그 후에 기소정책에 대한 뚜렷한 변화가 일어났다. 법집행기관의 제한과 법집행의 효과에 관한 연구결과는 수사한 모든 범죄들을 기소하는 것은 불가능하고 바람직하지 못하며 일부 상황에서는 역효과가 있다는 것을 보여준다. 정책적 고려를 통해 기소를 하지 않는 자유재량권한은 점점 더 광범위하게 행사되기 시작했다.

이러한 자유재량권한을 조화롭게 운영하기 위해 검찰최고기관인 검찰대표위원회는 국가의 기소지침을 마련했다. 검사는 개별적인 사건에서 특별한 상황에 대해 명확하게 기재한 경우를 제외하고 이들 지침에 따르도록 되어 있다.

이 지침에 따라 검사는 공익을 이유로 기소를 포기할 수 있다. 예를 들면;

- 형사상의 제재보다 다른 처분이 더 나은 경우 또는 더 효과적인 경우(예를 들면, 징계, 행정적 또는 민사적 처분)
- 기소가 범죄의 특성과 관련하여 불균형, 불공정하고 또는 무용한 경우(예를 들면, 그 범죄가 해악을 끼치지 않은 경우와 그것이 형벌을 가하는 데 부적절한 경우)
- 기소가 범죄자와 관련된 이유로 불균형, 불공정하고 또는 무용한 경우(예를 들면, 범죄자의 나이 또는 건강상태, 재사회화의 전망, 초범)
- 기소가 국가의 이익에 반할 수 있는 경우(예를 들면, 안보, 치안, 질서의 이유 또는 새로이 적용될 입법이 도입된 경우)
- 기소가 피해자의 이익과 상충될 수 있는 경우(예를 들면, 보상이 이미 이루어진 경우)

절차의 기술적인 문제로 인해 불기소의 근거가 될 수 있다;

- 경찰에 의해 피의자로서 잘못 등록된 경우
- 기소를 위한 증거가 불충분한 경우
- 기소 불허용

- 법원이 소송의 합법적 권한을 가지지 못한 경우
- 행위가 범죄행위를 구성하지 못하는 경우; 그리고
- 정당화 사유 또는 면책사유로 인해 행위자가 형사적 책임이 없는 경우

검사는 절차상의 문제 또는 정책적 고려로 인해 기소를 하지 않는 위 결정들을 따를 의무는 없다. 그러나 검사는 이전에 언급된 불기소의 근거 또는 이유들에 그 결정을 포함시킬 의무는 있다. 위 범위는 불기소 이유의 통일적 적용을 보증하지 못한다. 그러나 그것은 기소관할권역이 추진하는 기소정책에 관한 정보를 제공하고 기소정책들 간의 차이점에 대한 이해를 제공하여 기소정책들을 조화롭게 운영하는 수단이 된다.

1980년대 초 정책적 고려에 의한 조건 없는 기소포기의 비율이 비교적 높았다. 밝혀진 범죄의 대략 4분의 1이 정책적 이유로 기소되지 않았었다. 자동적으로 기소해서는 안 되고 기소는 구체적 사회적 목적에 공헌해야 한다는 합리적 사고에 기인한 이러한 정책적 이유의 기소포기의 높은 비율은 심각한 비판에 직면하였다. 이에 검찰청은 조건부 불기소, 징계 또는 화해 등을 더 많이 이용하여 조건 없는 불기소의 수를 줄일 것을 지시했다. 그 후 조건 없는 불기소의 비율은 5% 정도로 떨어졌다. 조건 없는 불기소 비율

의 감소는 형사법정에서 공판절차로 이어지는 소송의 수를 증가시키지 않았다. 형사사건이 증가하였음에도 불구하고 증가된 사건 수는 조건부 불기소로 처리하거나 화해를 통한 법정외에서 해결되었기 때문이다.

현재에는 대체로 경찰에서 검찰에 송치한 사건의 절반 정도만 법원에 기소되고, 나머지는 검찰에서 자체 종결하고 있다. 이는 증거의 부족 등 법리적인 문제로 인한 경우도 있으나, 기소편의주의, 화해, 제재 명령 등을 통해 법원에 기소하지 않고 사건을 종국처리할 수 있는 다양한 방법이 있기 때문이다.

- 화해

화해는 범죄자가 자발적으로 국고에 금액을 지불하거나 더 이상의 형사기소나 공판절차를 피하기 위해 하나 또는 그 이상의 검찰이 규정한 재정적 조건을 이행하는 다이버전의 일종이다.

형사사건을 해결하는 기회로서 화해는 오래전부터 존재했다. 금전적으로 형사사건을 해결할 수 있는 첫 번째 방법은 1838년 고안되었다. 최대한도의 법령상 벌금을 검찰청에 납부하는 범죄자는 그 납부에 의해 형사사건이 해결될 수 있었다(74a CC). 형사사건 해결의 두 번째 방법은 1921년에 채택되었다. 검사는 공판 전에 형사절차를 대신하여 하나 또는 그 이상의 조건을 제안할 수 있다. 기소할 권리가 소멸한 후에도 그러한 조건이 충족될 때까지 기소의 효력이 연기된다.

그러나 1983년까지 금전적으로 형사사건을 해결하는 방법은 원칙적으로 벌금형에 의해서 처벌될 수 있는 경범죄에 대해서 예외적으로 인정되어 있었다. 벌금형위원회의 권고에 따라 1983년의 벌금형법은 법령상 6년 이하의 자유형 범죄를 포함하도록 화해의 범위를 확장하였다(74 CC). 그 결과 강간과 강도 등과 같은 일부 중대범죄를 제외한 대부분의 범죄가 법정형 6년 이하이기 때문에 사실상 대부분의 범죄에 적용이 되고 있다. 6년형을 초과하는 자유형을 수반하는 범죄의 화해를 배제하는 제한은 압도적 대다수의 범죄가 6년형 이하의 자유형이기 때문에 한정된 효과만을 가진다.

화해가 성립하기 위해서는 다음의 조건들이 따른다.

a. 국가에 지불하는 금액은 3유로보다 적지 않아야 하고 벌금규정의 최대한도를 넘어서는 안 된다.

b. 몰수 또는 압수의 대상이 되어 압류된 목적물에 대한 소유권 포기;

c. 몰수 또는 압류의 대상인 물건의 양도 또는 그것의 책정된 가치(추징)를 국가에 납부;

d. 금액의 국가에 전부 납부 또는 피고인으로부터 빼앗아 압수한 물건 또는 보유비용을 포함하여 범죄행위에 의하거나 범죄행위로부터 빼앗아 얻어졌다고 평가된 금원의 전부 또는 일부의 양도

e. 범죄행위로 인해 야기된 손해에 대한 전부 또는 일부 보상
f. 무보수 일의 수행(사회봉사) 또는 120시간 동안 교육과정에의 참여

그러나 화해성립을 위해서는 피의자의 동의가 있어야 하고, 검찰이 정한 화해조건을 받아들이는 것은 범죄자가 범죄를 범했다는 것을 인정하는 것을 포함하는 것은 아니다. 사건해결을 위해 검사의 제안을 받아들이는 것은 통상 범죄자에게 유리하다: 범죄자는 재판을 피하고 화해는 범죄기록에 등록되지 않으며 더 이상 형선고에 대해 불확실한 지위에 있지 않다. 다른 한편으로 화해를 승인함으로써 범죄자는 합법적으로 보장된 모든 수단을 동원하여 독립적인 법원에 의한 재판을 받을 권리를 포기한 것이다. 그 승인은 강요없이 자유로운 의사에 의해 결정되어야 한다.

화해는 소송 중에 피의자가 일정한 금액을 지불하고 풀려나는 보석과 달리 소송 자체가 완전 파기된다는 점에서 특이하다.

1983년 법원의 관여없이 화해로 형사사건을 해결하는 검찰에 주어진 거의 무제한의 권한은 강한 비판을 받았다. 중요한 비판의 대부분은 증가된 화해의 기회는 유죄협상(plea bargaining: 검찰 측에서 구형을 가볍게 하는 것을 조건으로 피고인측에서 유죄를 인정하는 거래)을 인정하고, 권력분립이론을 위반하였으며, 피고인에 대한 합법

적 보호를 해쳤고, 특정 사회집단에 유리하다는 점, 그리고 사법부에서 행사해야 하는 권한이 검찰에 위임되었다는 것이다. 게다가, 모든 범죄의 거의 90%가 화해로 해결되었고, 피고인 보호를 위한 형사재판에서 예외가 원칙처럼 되었다는 것이 문제되었다.

이러한 비판에도 불구하고 형사재판에 광범위한 화해의 도입은 큰 성공을 거뒀다. 검찰이 다루는 모든 범죄의 1/3 이상이 화해에 의해 법정 외에서 해결되었다. 이것은 화해에 의해 해결된 모든 기소된 범죄의 1/3을 목표로 설정하였던 국가형사정책과 일치한다.

최근 검찰은 법원의 간섭 없이 일정한 처벌과 명령을 부과할 수 있는 권한을 부여받았다(형소법 제257a-257h조). 이를 제재명령[Penal Order]이라고 하는데, 검사는 ①사회봉사 활동 또는 180시간 이하의 수강명령, ②벌금, ③피해자를 지원하기 위한 금전 납부 명령, ④최대 6개월간의 운전면허 정지 명령을 내릴 수 있다.[2] 검사는 이러한 제재명령을 부과하기 전에 피의자의 진술을 청취해야 한다. 피의자가 이러한 제재명령에 직접 또는 서면으로 이의를 제기하지 아니하는 경우, 위 명령은 확정되고, 피의자가 이의를 제기하게 되면 형사재판절차가 개시된다(형소법 제257e조). 2008년 제재명령 제도가 도입된 이래, 이 제도의 적용이 점차

2 http://www.government.nl/issues/administration-of-justice-and-dispute-settlement/the-dutch-court-system

확산되고 있고, 현재에는 화해 제도보다 더 활발하게 활용되고 있다.

범죄의 화해는 검찰과 범죄자 모두에게 매우 인기 있는 것처럼 보인다. 화해는 검찰과 범죄자의 시간, 에너지, 비용을 절약하는 것은 물론 이에 더해 범죄자는 범죄자라는 낙인을 회피할 수 있다. 특히 회사들에 의해 범해지는 환경범죄의 높은 화해율은 회사의 부정적 이미지를 피하기 위하여 아주 자주 애용된다.

화해를 적용함에 있어 자의성의 위험 그리고 일관성 부족을 최소화하기 위해서, 검찰대표위원회는 화해와 기소에 관해 고려해야할 요소로 인정되는 원칙들과 관련하여 화해가 가장 자주 이루어지는 일반 범죄들에 대한 일반적인 지침을 매년 내놓고 있다.

1993년부터 경찰은 확실한 범위의 범죄에 대하여 화해를 제안할 수 있다. 소매치기와 음주운전은 경찰이 화해를 제안할 수 있는 범죄로써 지정되어졌다.

참고

네덜란드와 달리 우리나라의 경우 화해 제도를 두고 있지 않다. 다만 친고죄 및 반의사불벌죄 규정을 두어 사실상 회해에 의해 해결할 수 있는 여지를 실체법에 두고 있다. 또한, 공탁제도를 두어 피고인이 공탁금을 납부한 경우 검사는 공소제기 결정 및 법원의 양형에 있어

참작할 수 있도록 하고 있다. 그러나 우리나라 벌금형의 경우 피해자를 위해 사용되는 것이 아니라 국고에 귀속되어 피해자 보호의 측면에서 문제가 있다는 점은 재고할 필요가 있다.

- 소환 영장

형사사건이 법원의 공판절차 이외의 방법으로 해결되지 않는 경우에 검사는 법원에 출두시키기 위해 피의자를 소환할 것이다. 소환은 (법률적 정식절차에 의한) 기소와 소환되어지는 증인 목록으로 구성된다.

예심판사는 기소의 내용을 통제하지 못한다. 검사는 더 중한 범죄로 피의자를 공소제기하기 위한 충분한 증거가 존재함에도 불구하고-예를 들면, 형벌가중사유의 정황을 무시하여-더 경한 범죄로 피해자를 공소제기 하는 것으로 결정할 수 있고, 또는 피의자에 의해 범해진 약간의 범죄에 대한 공소제기를 제한할 수 있다. 범해진 다른 범죄에 대하여는 비공식적 방법에 의해 법원에 고지된다[voeging ad informandum]. 선고형을 부과하기 위해 법원은 피의자가 범죄를 부인하지 않고 범죄가 입증될 수 있는 경우에 기소되지 않은 범죄를 고려할 수 있다. 공판절차는 검사가 소환장을 발부하자마자 개시된다.

6.5 공판 전 단계의 특징

공판 전 단계는 완화된 규문주의의 성격을 띤다. 특유한 규문적 요소들은 신체수색, 주거수색과 같은 강제적 수단을 동원하는 경우 또는 전화감청의 경우에 나타난다.

규문주의의 성격은 범죄자가 변호인의 조력을 받을 권리와 감시 없이 그의 변호인과 의사소통할 권리를 가지는 규정에 의해 완화된다. 더욱이 공판 전 단계에서 피의자는 수사의 적절한 수행에 방해되지 않는 한, 공판 전 단계의 수사과정을 고지 받는다.

B. 특별한 쟁점들

6.6 체포와 구금 그리고 예심

형사범죄를 범했다고 의심되는 피의자의 예심과 공판 전의 자유의 박탈은 다섯 가지 단계로 나눌 수 있다.

- 심문을 위한 경찰의 체포
- 경찰구금
- 구속송환

- 재구속
- 미결구금

경찰체포 그리고 경찰구금의 결정은 검사 또는 검사의 결정을 기다릴 수 없는 경우에 상급경찰관에게 달려있다. 구류처분, 재구속, 예심법정구속은 사법부, 단독판사, 합의부재판에서 결정한다. 첫 번째와 두 번째 단계는 공판 전 구금은 아니며 그 후의 세단계가 공판 전 구금이다.

- 경찰체포

경찰체포는 범죄자가 현행범으로 체포된 때 또는 법령상 4년 또는 그 이상 자유형의 범죄의 경우에 가능하다.

체포는 검사 또는 검사의 지시를 기다릴 수 없는 경우 상급경찰관의 지시에 의해 이루어지거나 긴급한 사건인 경우에는 일반경찰도 체포할 수 있다.

경찰에 의한 체포는 (상급)경찰관이 피의자를 효율적으로 심문하는 데에 목적이 있다. 첫 심문 도중에, 경찰은 올바른 범인이 체포되었는지, 체포가 합법적인지 체포계속의 필요성이 있는지를 스스로 확인한다. 이것이 소위 확인심문이다. 확인심문은 체포된 사람에게 체포이유를 알리는 의무를 따르기 위한 가장 적합한 방법이다.

체포된 피의자는 오직 이 확인심문 동안에 그의 변호인에 의해 조력을 받을 권리를 가진다. 그러나 실무상 변호인은 출석하기 힘들다. 위 같은 상황은 통역자의 경우에도 발생한다.

경찰체포는 자정부터 오전 9시까지는 포함되지 않는 체포된 자가 범했는지 그 진위가 의심스러운 범죄에 대해 그를 심문할 수 있는 6시간 동안 조사를 지속할 수 있다. 이 심문에서 피의자는 변호인의 조력을 받을 권리를 가지고 있지 않다. 피의자의 변호인은 아직 아직 선임되지 않은 상태이다. 피의자는 이 심문 후에 그 자신이 선임한 변호인을 면접할 수 있다.

체포된 피고인이 심문장소에 도착할 때 6시간의 기간이 시작된다. 심문장소로 이동하는데 약간의 시간이 걸릴 수 있기 때문에 자유의 박탈은 6시간보다 더 길어질 수 있다. 경찰체포동안에 자정부터 오전 9까지의 시간은 포함되지 않고 수사가 진행되어진 동안 (예를 들면, 지문조회, 사진촬영, 관찰, 이발, 기타 등등) 현행범으로 잡힌 범죄자의 확인을 위해 6시간 체포시간이 추가될 수 있다.

참고

우리나라의 경우 자유박탈은 체포(영장에 의한 체포, 긴급체포, 현행범 체포)와 구속으로 이루어져 있다. 영장에 의한 체포는 검사의 청구에 의한 법원의 허가에 의해 이루어지고, 긴급체포와 현행범 체포는 경찰에 의해 이루어질 수 있으나 사후에 구속영장을 발부 받지 못하면 석방하여야 한다.(형사소송법 제200조의2, 제200조의3) 구속은 구속사유가 있는 경우에 한해 검사의 청구와 법원의 허가에 의해 이루어진다.(형사소송법 제201조) 경찰은 검사에게 체포 또는 구속영장을 신청할 수 있을 뿐이다. 체포 및 구속의 경우 미란다 원칙을 준수해야 한다(형사소송법 제200조의5). 영장에 의한 체포는 체포된 피의자에 대하여 검사에게 체포시로부터 48시간 이내에 구속영장을 청구할 수 있도록 신청해야 한다.(형사소송법 제200조의2)

- 경찰구금

경찰체포기간이 만료한 후 피의자는 석방되거나 경찰구금된다. 경찰구금은 검사 또는 상급경찰관의 지시에 의해 이루어진다. 경찰구금은 공판 전 구금이 가능한 범죄행위의 조사를 위한 경우만 이용될 수 있다.

경찰구금지시에는 범죄행위의 특징, (수사를 위해서)구금지시가 내려진 이유, 그리고 이들 이유들을 가정할 수 있도록 한 상황(대부분 증인심문, 면담, 피의자의 심문이 더 필요한 경우)의 기재들을 포함한다.

실체적 진실발견을 방해하는 데에 남용되지 않는 한 경찰구금지시 순간으로부터 피의자는 피의자가 자유롭게 교섭할 수 있는 변호인을 선임할 권리를 가지고 있다. 변호인은 또한 사건에 대한 경찰기록에 접근할 수 있다. 피의자는 방문자를 만나고 전화 또는 편지로 의사소통할 권리가 제한될 수 있다.

경찰구금은 3일 동안 지속된다. 그 지시는 검사에 의해 3일 동안 1회 연장할 수 있다.

결론적으로 3일 그리고 15시간 후에 체포된 자는 예심판사 앞에 출석되어야 한다. 판사는 경찰구금의 불법성을 확인할 수 있으며, 구금된 피의자는 그의 변호인의 조력을 받을 수 있다.

네덜란드에서는 6시간의 경찰 체포, 최초 3일간의 경찰 구금이 경찰 간부인 보조 검사의 권한으로 가능하고, 판사의 관여 또한 전혀 없다는 점에서 우리나라와 차이가 있다.

참고

경찰은 구속영장이 발부된 피의자에 대하여 10일간 구금할 수 있다. 우리나라의 경우 경찰구금은 인정되지 않는다.

- 구속송환

경찰체포 그리고 경찰구금기간(6일 그리고 15시간)이 만료된 후에 피의자는 석방되어야 하거나 검사의 요구에 의해서 10일 동안 구속송환을 지시할 수 있는 예심판사 면전에 데려가져야 한다. 구속송환 지시는 선행하는 경찰구금 없이도 부과될 수 있다.

단기 구속은 최대 14일 가능한데, 검사의 청구에 따라 수사 판사가 구속 여부를 결정하고, 장기 구속은 최대 90일 동안 가능한데, 검사의 청구에 따라 법원 합의부에서 구속 여부를 결정한다. 원칙적으로 장기 구속 기간 내에 1심 공판기일이 열려야 하는데, 법원의 휴정 등의 사유로 열리지 아니한 경우, 법원의 결정으로 최대 60일간의 본안재판 전 구속이 가능하다.

피의자는 예심판사에 의해 심리되어진다. 구금송환은 공판 전 구금의 첫 단계이며, 그의 변호인은 이 심문에 참석 할 수 있다.

공판 전 구금을 하기 위해서는 두 가지 법률적 요건이 갖추어져야 한다.

첫째는 공판 전 구금이 적용되어야 할 사건들로 고려되어야 한다. 두 번째로 공판 전 구금이 적용될 수 있는 영역으로 다루어져야 한다.

형사소송법 제67조는 각각의 경우를 열거한다.

범죄자가 범죄를 범했다는 중대한 혐의가 존재한다면 공판 전 구금이 결정될 수 있다;

- 최대 형벌이 4년의 자유형 보다 낮지 않은 경우, 또는
- 특별히 지정되어 있는 경우 예를 들면, 횡령, 부정한 허위진술, 협박, 또는
- 혐의자가 네덜란드에 고정된 거주지 또는 일정한 체류지가 없으면서 구속되어 있는 경우

형사소송법 제67a조는 공판 전 구금의 적용되는 경우를 구체적으로 규정하고 있다. 제67a조에 따르면, 공판 전 구금을 내리기 위하서는 피의자가 도주하려고 하거나 공공의 안전에 심각한 위험을 야기하려고 하는 경우에 해당하여야 한다.

공공의 안전에 중대한 위험이 존재하는 경우로는 :

- 최대 형량이 적어도 12년의 징역형에 해당하는 범죄이고 그 범죄로 인해 합법적 질서가 중대하게 침해된 경우
- 범죄자가 최대 형량이 6년형 이상의 자유형을 규정한 범죄 또는 국가의 안전 또는 개인의 건강과 안전을 위태롭게 하거나 재산권에 일정한 위험을 초래할 죄를 범하려고 하는 심각한 위험이 있는 경우
- 자유의 박탈이나 제한 또는 사회봉사명령이 선고된 이후 5년이 지나지 않은 재산범죄자가 재범을 범하고자 하는 중대한 혐의가 있는 경우, 또는
- 피의자의 진술에 의존하는 것보다 다른 방법에 의해 진실을 규명하기 위해 피의자를 억류할 필요가 있는 경우

구금송환은 범죄자가 조건 없는 자유형을 선고받을 것 같지 않는 경우에는 허가되지 않는다. 더욱이 공판 전 구금은 실형기간(기석방에 관한 규정을 고려하여)이 공판 전 구금에서 지낸 기간 보다 더 짧은 것으로 예상되는 경우에는 종결된다.

참고

우리나라의 경우 구속 사유로서 범죄혐의의 상당성, 구속사유(주거부정, 증거인멸우려, 도주우려)를 규정하고 있다(형사소송법 제70조)

- 재구속(구속연장)

구금 송환의 기간만료 후에 공판 전 구금의 이유가 아직 유효한 경우에 검사는 30일 동안 재구속을 지시하기 위해 법원 합의부에 신청한다. 이 신청은 두 번 할 수 있다. 그 신청은 법정에서 처리되며, 피의자는 이 신청과정에 심리되어진다.

피의자는 이 기간 내내 구속의 취소를 요구를 할 수 있으며, 피의자는 첫 번째 신청에 대한 청문권이 있다. 그렇지 않으면, 피의자는 30일 동안 청문권을 행사할 수 있다.

참고

우리나라의 경우 경찰과 검찰단계에서 구속할 수 있는 기간은 경찰에서 10일 검찰단계에서 10일(10일 연장 가능)이다. 그러나 재구속에 관한 규정은 없다. 따라서 검사는 피의자를 공소제기 없이 30일 이상 구금할 수 없고 구금을 계속하기 위해서는 그 전에 공소를 제기하야 한다. 공소제기 된 경우 피고인의 신병은 법원의 지휘를 받게 된다. (형사

소송법 제202조, 제203조, 제205조)

법원에 의한 구속은 심급마다 2월을 넘지 못한다. 다만, 2월 한도내에서 갱신할 수 있다. (형사소송법 제92조)

- 미결구금

피의자가 100일 이후에도 공판 전 구금상태에 있는 경우 검사는 공판에 출석할 수 있도록 법원에 사건을 신청해야한다. 공판이 준비되지 않는 경우에 공판은 연기될 수 있다. 이 경우 1심 판결과 구속상태에서 보낸 기간을 초과하는 징역형에 대한 항소가 있는 경우 재구속 결정은 법원의 최종 판결 후 60일까지 유효하게 유지된다. 면소판결 또는 기각 또는 공판 전 구금기간을 초과하지 않는 징역형이 선고된 경우에, 그 결정은 즉시 효력을 잃는다.

공판 전 구금기간의 제한에 의해 구속된 피의자에 대한 사건은 법원에 의해 우선적으로 처리되므로, 대다수 사건의 경우에 범죄자는 공판 전 구금기간(100일)일 만료되기 전에 석방된다.

법원은 법원자신이 주도적으로, 또는 검사 또는 공판 전 구금을 중지하기 위한 피의자의 청구에 대해서 피의자를 구금하는 권한을 가지고 있다. 구금중지를 위한 법률적 요건은 혐의가 취소된 경우 또는 피의자가 징역형 선고를 받은 경우에 범죄자는 사법부로부터 벗어나지 못한다. 법원은 다른 특별조건을 자유롭게 부여할 수 있다. 때때로 법원은 예를 들면, 약물중독의 경우와 같이 피의자가 수인하여 치료받는 조건을 포함한다. 그러나 이와 같은 조건을 준수하는지 체크하는 것이 항상 효과적이지 않다. 대다수 사건에서 법원은 피해자의 자유를 더 적은 범위에서 제한하는 조건을 부여한다. 법원은 조건을 준수한다는 보증에 의해 보석을 부여할 수 있으나 그런 경우는 흔치 않다.

6.7 구속에 대해 이의신청할 권리

경찰체포 그리고 경찰구금의 첫 번째 기간에 형사소송법은 불법적 구금을 항변하기 위한 합법적 구제책이 인정되지 않는다. 이 단계에서 구금의 합법성 여부가 의심되는 경우에 경찰 그리고 명령을 내린 검사 또는 상급경찰관과 상담하여 해결책을 발견하는데 노력해야 할 것이다. 만약 해결책을 발견하는데 실패하는 경우에 불법구금 그리고 사건의 긴급성을 이유로 민사재판 전에 간단한 민사절차의 행사 가능성이 있다.

3일의 경찰구금이 만료되기 전 예심판사 앞에 출석했을 경우에 피의자는 석방을 요구할 권리를 행사할 수 있다.

구속송환과 관련하여 피의자는 예심판사로부터 석방지시를 이끌어낼 수 있는 권리를 가진다. 만약 석방지시가 문제되면 검사는 지방법원에 이의제기 이유서를 제출하기 위한 14일의 기간을 갖는다. 피의자도 역시 구속송환 명령을 취소하도록 법원에 요구할 권한이 있다.

피의자의 첫 청구의 경우에 피의자는 법원의 심리과정에 참여할 권리를 가지고 있다. 법원이 구속송환명령을 취소할 것을 거절한 경우 이의제기는 상급심(고등법원)에 제출될 수 있다.

재구속 등 구속연장 그리고 공판 중 미결구금명령의 경우에 피의자는 3일 이내에 고등법원에 법원명령에 대해 이의를 제기할 수 있다. 이것은 피의자가 공판 전 구금이 진행되는 지방법원의 각 결정에 대항하여 매달 한 번씩 이의를 제기할 수 있다는 것을 의미한다. 더욱이 피의자는 공판 전 구금 명령을 취소할 것을 지방법원에 요구할 권리를 가지고 있다.

만일 사건의 상황에 따라 형사소송절차에서 구속에 대한 항변가능성에 대해 제때에 적절한 결정이 내려질 전망이 보이지 않는 경우에, 민사판사에게 약식의 민사소송절차에 의해 결정을 해줄 것을 항상 요구할 수 있다.

간단히 말해서 이것은 네덜란드법이 전체적으로 인신보호법을 갖추고 있다는 결론에 이른다.

참고

우리나라의 경우 체포 및 구속단계에서 피의자의 권리로 체포·구속적부심제도(형사소송법 제214조의2), 구속전피의자신문제도(형사소송법 제201조의2), 보석제도(형사소송법 제94조) 등을 두고 있다.

6.8 불법구금에 대한 보상

네덜란드 형사소송법은 형사사건이 형 선고 없이 또는 공판 전 구금이 타당하지 않은 범죄로 종결될 때 공판 전 구금에서 보낸 시간에 대한 금전적 보상을 제공하도록 규정하고 있다.

보상은 불법적 구금인 경우에 가능하며, 또한 회고적으로 부당한 구속에도 인정된다.

보상은 반드시 금전적 보상이어야 하는 것은 아니다. 불법적 뿐만 아니라 부당한 구속은 다른 형사범죄에 부과된 징역형의 기간을 감축하는 형식으로 보상할 수 있다.

부당한 구금은 자유의 박탈의 일수마다 약 100유로의 정신적 손해금에 의해 보상된다.

형사절차에서의 보상에 관한 결정은 공정하게 이루어진 형사법정에서 이루어진다. 이 법정은 되도록 공판판사로서 담당했던 판사들로 구성되어야 한다.

더 나아가 국가는 불법구금에 대하여 민사소송상 청구를 받게 될 수 있다.

참고

우리나라의 경우 불법구금에 대하여 국가배상을 청구할 수 있을 뿐만 아니라 무죄판결을 받은 경우 피고인 및 불기소 처분을 받은 피의자는 형사보상법에 의하여 금전적 보상을 받을 수 있다. (형사보상법 제1조, 제27조)

또한 피고인의 이익을 위하여 판결공시제도가 있다. (형법 제58조) 판결의 공시는 피해자의 이익이나 피고인의 명예회복을 위하여 판결의 내용을 관보, 일간신문, 기타 방법 등을 통하여 공시하는 제도인데, 우리 형법은 다음 두 가지의 경우에 판결의 공시를 인정하고 있다. i) 피해자의 이익을 위하여 필요하다고 인정할 때에는 피해자의 청구가 있는 경우에 한하여 피고인의 부담으로 판결공시의 취지를 선언할 수 있으며(제58조 제1항), ii) 피고사건에 대하여 무죄 또는 면소의 판결을 선고할 때에는 판결공시의 취지를 선언할 수 있다(동조 제2항).

6.9 구금기간의 공제

형사소송법은 체포의 전 기간과 공판 전 구금은 형의 기간으로부터 공제한다고 규정한다. 법원은 이 조항에서 어떤 재량권도 가지지 못한다.

참고

> 우리나라 형법의 경우에도 판결선고 전 구금일수의 전부를 산입하도록 하고 있다.(형법 제57조)

6.10 공판 전 구금기간중 변호인의 권리

변호인은 구금되어 있는 의뢰인을 자유롭고 감시받지 않는 상태에서 접견할 권리가 있다. 그러한 접견이 수사지연을 이유로 허용되지 않는 경우에 변호인은 항상 부분적으로 교정당국과 경찰에 의해 사용되도록 만들어진 시설물과 시간에 의존한다. 사건에 대한 경찰기록을 조사할 변호인의 권리를 수행하는 경우에 변호인은 적시에 사본을 얻기 위해서 역시 관련 당국의 협력에 의존한다.

참고

> 우리 형사소송법은 제4장에서 변호인의 접견, 교통, 수진권(제34조), 서류, 증거물의 열람, 등사권(제35조), 변호인의 독립소송수행권(제36조)을 규정하고 있다.

6.11 대물적 강제처분

네덜란드에서는 현행범을 체포하거나 구속이 가능한 범죄를 저질렀다는 의심이 있는 경우, 경찰은 물건을 압수할 권한이 있다(형소법 제96조 제1항). 경찰은 압수를 위해 건조물에 들어갈 수 있고, 건조물을 수색할 권한이 있는 판사 또는 검사의 도착을 기다리는 동안 그곳을 보존 할 수 있으며(형소법 제96조 제2항), 체포된 피의자의 옷을 수색할 수 있고(형소법 제56조 제4항), 압수 대상 물건을 소지하고 있는 사람에 대해 인도 명령을 내릴 수 있으며(형소법 제96a조), 주거로 사용하지 아니하는 차량, 선박을 수색할 수도 있다(형소법 제96b조). 건조물을 수색할 권한은 검사와 예심판사에게 있다. 일반적인 건물을 수색할 수 있는 권한은 검사에게 있으나, 주거지를 수색할 때에는 예심판사의 승인이 있어야 한다. 변호사 또는 의사와 같이 비밀유지의무가 있는 사람의 경우, 예심판사만이 그들의 주거지를 수색할 권한이 있다(형소법 제110조). 긴급한 경우, 검사나 보조검사가 수색할 권한 있는 데, 사전에 예심판사의 승인을 받도록 규정하고 있다(형소법 제97조). 이와 같이 네덜란드에서는 건조물에 대한 수색은 검사, 예심판사의 승인이 있는 경우에 가능하나, 피의자를 체포하는 과정에서는 경찰이 압수·수색할 권한을 보유하고 있고, 이 경우 보조검사가 체포된 사람의 인적사항과 압수품을 통지하기만 하면 된다. DNA 샘플 채취는 예심판사 또는 피의자가 경찰 구금이 허용되는 범죄를 저질렀다고 볼만한 심각한 의심이 드는 경우, 검사의 결정으로 채취할 수 있다. 피의자가 위 결정에 이의를 제기할 수 있는 절차는 없다.

검사와 예심판사는 일반적인 신체에 대한 수색 또는 정밀수색을 명할 수 있는데(형소법 제56조, 제195조), 정밀수색에는 엑스레이 검사를 포함하고, 이 경우 전문가가 이를 행하여야 한다. 경찰관 역시 피의자에 대한 보안수색을 할 수 있고, 판사는 피의자의 정신감정을 위해 정신병원 수용을 명할 수도 있다.

C. 공판절차

6.12 일반적 문제들

공판 전 단계가 끝나고 공판단계는 사건을 기소하고 범죄자를 소환하는 결정에 의해 시작된다. 공소내용은 소환장에 기재되며, 범죄자는 그의 방어를 준비할 수 있다. 법원심문은 주심판사에 의해 피고인의 신원확인(인정신문)과 검사의 공소장 낭독에 의해 시작된다. 법원은 피고인에게 질문에 대답하지 않을 권리(묵비권)가 있음을 상기시킨다.

공소장은 법정 개정의 핵심주제이다. 공소장은 혐의사실의 범죄행위를 서술하는 내용으로 구성되며 범죄행위의 법률적 정의를 엄격하게 따른다. 법원은 필요하다고 여겨지는 경우일지라도 공소장을 수정할 권한을 가지지 못한다. 검사에게만 공판의 당사자로서 공소장을 변경할 권한이 부여된다. 그러나 이 권한은 매우 제한적이나. 법원은 단지 공소장에 기초하여 피고인에게 유죄를 선고할 수도 있다.

공소장을 낭독한 후에 법원은 피고인, 증인(검사 또는 피고 또는 변호인으로 호칭되는) 그리고 전문가를 심리한다. 그 후에 검사 그리고 변호인은 피의자와 증인에게 추가적 질문을 할 수 있다. 피고인과는 달리 증인은 법원, 검사, 변호인에 의해 부여된 심문에 대답할 의무가 있다. 그러나 교호심문이 이루어질 필요는 없다. 법원에 의한 피고인과 증인의 심문은 보통 경찰과 예심판사에 의해 작성된 그들의 진술을 재판장이 낭독하는 절차와 연결되어 있다. 증인은 선서한 후에 심문되어진다. 피고인은 선서한 후 심문되지 않는다. 피고인은 묵비권을 가지고 있고 진실을 말할 의무도 없으며 무죄추정 된다. 비록 형사소송법이 법정에서 심문되도록 하는 증언의무인 직접신문원리를 구현하고 있다고 하더라도, 대법원이 전문증거를 받아들인 이래로 증인심문이 일반적인 것으로 되지 않는다. 사실 형사법원 개정 중에 많은 부분은 경찰 또는 예심판사에 의해 작성된 진술기록(진술조서)이 다루어진다. 이 진술조서가 법정에서 심리된 경우에 그들의 진술은 증거로 사용되어진다. 직접주의(직접심문원리)의 제한은 피고인이 자백하고 증인의 진술조서가 부인되지 않는 경우에 법원심리가 오래 걸리지 않도록 하는 효과가 있다. 따라서 중대한 사건의 경우조차도 공판이 여러 시간 지속되는 경우는 드물다.

증거가 제출되고 심리된 후에 검사는 최종진술(논고 또는 구형)을 한다. 검사의 최종진술에서 검사는 피고인이 무슨 범죄로 형을 선고받아야 하는지 부과되어야 할 형벌에 대해 증거와 청구내용을 요약하여 설명한다. 그러나 판사는 검사의 청구에 꼭 따를 의무는 없다. 마지막으로 피고인의 변호인은 법정에서 그의 변론을 진술한다. 재판장은 재판을 종결하기 전에 피고인에게 최후변론의 기회를 준다.

법원의 재판이 종결된 후에 재판부는 평결과 형의 선고를 심의한다. 판결은 2주 이내에 이루어져야 한다. 판결은 법원의 공개된 법정에서 선고된다. 일반적으로 판결문을 쓰고 유죄판결에 대한 결정을 위해 사용된 증거들을 완전한 요약하기 위해서는 2주이상이 걸린다. 일반적으로 그러한 자세한 평결은 보통 항소 또는 상고가 제기된 경우에 준비된다. 유죄판결을 받은 피고인은 형사절차의 비용을 납부할 필요가 없다.

참고

우리나라의 공판단계는 공소제기 →사건접수와 사건번호부여 →사건배당 →공소장부본 송달 →공판기일 지정 및 소환·통지이고, 공판기일의 진행은 재판장의 개정선언 →사건의 호명 →진술거부권고지 →인정신문(제284조) →검사의 기소요지 진술(제285조) →피고인 등의 모두진술(규칙 제127조 제2항) →증거조사 →피고인신문(제287조) →최종변론(검사의견진술-구형, 변호인 및 피고인의 의견진술) →판결선고일의 지정 순으로 이루어진다.

또한 우리나라의 경우에도 전문법칙의 예외를 폭넓게 규정하고 있다.

6.13 법원의 판결

공판에서 법원은 4개의 절차법적 판단과 4개의 실체법적 판단을 할 수 있다. 절차법적 판단으로 법원은 소환장 무효의 선언을 할 수 있고, 사건을 심리할 관할권이 없음을 선언할 수 있으며, 사건을 기각시킬 수 있고, 마지막으로 기소를 중지할 수 있다. 법원은 소환장이 적절하게 송달되지 않은 경우 또는 공소장이 형식에 따라 작성되지 않거나 이해할 수 없는 경우 법원은 소환장을 무효로 하는 선언을 해야 한다. 법원은 기소된 범죄가 당해 법원의 관할권에 해당하지 않는 경우 또는 범죄가 다른 특별법원의 관할권에 속한 경우 예를 들면, 소년법원에 관할권이 있는 경우, 사건을 심리할 자격이 없음을 선언할 수 있다. 법원은 사건의 기소된 사건을 심리할 권한이 존재하지 않는 경우에 사건을 기각해야 한다. 예를 들면, 한시적 법령에 기인한 경우 또는 화해를 통해 사건이 해결된 경우 또는 기소를 위한 요건이 충족되지 않은 사실이 있는 경우 등이다.

예를 들면, 피고인이 재판을 받기에 적당하지 않은 경우에 법원은 여러 상황을 고려하여 기소유지를 중지해야 한다.

법원의 소환이 유효하고, 법원이 사건을 심리할 관할권이 있으며, 그리고 사건이 기각되거나 기소유지가 중지되지 않는다는 결정을 하면 법원은 기소된 범죄에 대한 결정을 의미하는 실체적 판단을 하여야 한다.

법원은 다음의 4개의 사항에 대해 결정해야 한다:
- 공소장에 기재된 사실이 증명되었는지
- 그 사실이 범죄행위를 구성하는지
- 피고인에게 형사법적으로 책임이 있는지
- 어떤 형을 선고해야 하는지

피고인은 현출된 증거에 의해서 기소된 필수적인 사실이 증명되지 않은 경우 무죄가 된다. 피고인의 공소기각은 기소된 사실이 증명되었으나 범죄행위를 구성하지 않거나, 정당화사유가 인정되거나, 또는 책임이 없는 때 이루어진다. 형의 선고는 피고인이 범죄 행위를 범하였다는 증거가 합리적 의심의 여지가 없고, 피고인이 범죄에 대한 형사적 책임이 있는 경우에 내려진다. 판결은 근거가 있어야 한다. 그 근거는 공소사실이 증명되어졌는지 아닌지, 왜 명백한 항변이 부인되는지 또는 유죄임에도 왜 형벌이 부과되지 않는지의 문제와 관련된다. 더욱이 부과된 형벌은 근거가 있어야 한다.

기소유지를 중지하는 결정뿐 아니라 기각, 관할권 없음 결정, 소환을 무효로 선언하는 결정, 더 나아가 기소가 중시된 결정도 근거가 있어야 한다.

무죄는 근거가 필요 없다.

법원이 검사에 의해 청구된 것 보다 더 중한 형을 부과한 경우 또는 보안처분류가 부과된 경우에 특별한 근거가 요구된다.

참고

우리나라의 경우 관할위반의 판결(법 제319조), 형면제 또는 형의 선고유예의 판결(제322조), 유죄판결(제323조), 무죄(제325조), 면소의 판결(제326조), 공소기각의 판결(제327조), 공소기각의 결정(제328조)이 있다.

6.14 재판단계의 특징

재판단계는 탄핵주의적인 특징을 가진다. 검사와 피고인 사이에는 자신에게 유리한 증거를 제출할 수 있는 무기평등의 원칙이 넓은 범위에서 인정된다. 그러나 재판단계의 주요한 목적은 실체진실발견이므로 순수한 당사자주의를 따르지는 않는다. 예를 들어, 교호심문제도는 채택하고 있지 않으며, 형사재판 동안에 대부분 판사가 심문을 한다.

참고

> 우리나라도 모든 판결에 있어 그 근거를 판결문에 적시해야 한다. 우리나라의 경우 대법원 홈페이지를 이용하여 판결의 진행상황을 알아볼 수 있다. 또한 우리나라도 당사자주의적 요소와 직권주의적 요소가 혼합되어 있다.

D. 특별한 논점

6.15 법원판결에 대한 법적 구제방법

형사소송법은 법원의 결정에 대항하여 다양한 합법적 구제책을 규정하고 있다. 1심법원의 결정에 대한 일반적 합법적인 구제책은 항소이다. 항소는 검사와 피고인이 제기한다. 항소는 일반적으로 14일 이내 정해진 기간 내에 제출되어야 한다. 항소는 항소법원에서 사건을 완전하게 재심문한다. 항소법원은 항소가 피고인만 제기한 경우에 오직 만장일치에 의해서 형을 가중할 수 있다. 1심법원이 선고한 무죄판결은 법원의 만장일치 결정에 의해서만 유죄로 변경될 수 있다.

상고는 무죄판결을 제외하고 항소결정법원에 대항하여 대법원에 제기할 수 있다. 상고는 검사 그리고 피고인에 의해 제기 될 수 있다. 대법원은 사실문제에 대한 판단을 하지 않으므로 상고심은 사건을 재심문하지 않고 단지 하급법원에 의해 법이 올바르게 적용되고 있는지를 평가한다. 대법원은 실체법 또는 절차법이 올바르게 적용되지 않은 경우에 하급법원의 판결을 파기하고, 사건은 항소법원이나 다른 법원에 되돌려 보낸다. 그 법원은 새로운 결정을 해야 하고 그 사건에서 법의 적정한 적용을 위해서 대법원의 결정에 구속된다.

참고

우리나라의 경우도 3심제를 규정하고 있다. 각 심급에 따른 상소 기간은 재판 선고일로부터 7일이다(법 제358조, 제374조, 제343조 제2항). 항소심은 속심구조이고, 상고심은 사후심적 구조를 가지고 있다.

6.16 피고인 궐석재판

피고인은 법원에 출석할 권리를 가진다. 그러나 드물게 발생하는 법원의 출석명령이 없다면 법정에 출석할 의무는 없다. 사건은 피고인이 소환되지 않는다면 피고인의 불출석으로도 진행될 수 있다. 일반적으로 소환장은 피고인 또는 그의 대리인에게 적어도 재판개정 10일 전까지 송달되어야 한다.

1998년 Procedural law reform Act(절차법 개정법령) 이전에 피고인은 그 자신이 공판 중에 출석하지 못한 경우에는 변호인에 의해 보호받을 수 있는 권리가 없었다. 유럽 인권법원[The European Court on Human Rights]은 the LaLa and Pelladoah 결정에서 위 사항은 유럽인권협약 제6조와 충돌된다는 결론을 내렸다. 피고인은 그를 방어할 수 있도록 하는 권한이 부여된 위 법령 이후에 불출석 피고인은 그의 변호인에 의해 조력을 받을 수 있게 되었다. 이 사건에서 재판은 피고인의 출석한 상태에서 진행되는 것으로 간주된다.

참고

우리나라의 경우 피고인의 출석을 공판개정의 요건으로 규정하고 있고(법 제276조), 다만 경미사건의 경우 그 예외를 인정하고 있다.(법 제277조)

6.17 증거재판주의

범죄자가 재판을 통해 공소제기 된 범죄를 범하였다는 것이 법령에 의해 규정된 증거로부터 확신을 얻은 경우에 한해서 범죄자는 유죄로 판단될 수 있다. 증거는 한 명의 증인의 증언에 의존할 수 없고, 유죄의 판단은 오직 피고인의 진술에 기초하여서는 안된다. 법원은 증거의 진실성과 증거의 증명력을 평가하는데 자유롭다(자유심증주의). 판결에서 법원은 피고인의 유죄확정의 근거를 진술해야 한다. 유죄의 입증책임은 일반적으로 검사에게 있다. 그러나 법원은 재판동안에 추가적인 수사를 명령하여 증거를 수집하는데 적극적 역할을 수행할 수 있다. 무죄추정의 원칙은 형사소송법의 기초적인 원리이다.

참고

우리나라의 경우 증거재판주의를 규정하고 있고(형사소송법 제307조) 자유심증주의를 채택하고 있다(형사소송법 제308조). 유죄판결에 명시될 이유를 법정하고 있으며(형사소송법 제323조), 무죄추정의 원칙을 규정하고 있다.(형사소송법 제275조의2)

6.18 법률상 증거

증거의 다섯 가지 방법은 법률에 규정되어 있다.

- 법정에서 심문하는 동안 법원의 직접 관찰, 예를 들면, 사진 또는 테이프(검증);
- 법정에서 또는 진술이 조서로 작성된 경우 법정 외에서의 피고인의 진술;
- 전문증거를 포함하여 공판에서 증인의 진술;
- 법정에서 전문가의 진술 그리고;
- (경찰) 서류들.

피고인의 진술은 재판 진행 중 그 자신이 알고 있는 사실과 상황에 대한 진술이다. 진술 거부는 반대의 추정, 명백한 거짓으로 해석되어서는 안 되지만, 그러나 사실상 그렇게 해석될 수 있을 것이다.

증인의 진술은 법정에서 그가 개인적으로 인식하고 경험한 사실과 상황에 대해 주는 정보이다. 개인적 의견, 추측 그리고 결론은 증거로서 배제된다. 전문진술은 증인진술의 개념에 해당하며, 경찰이 증인의 진술을 확보할 수 없을 때 법정에 출석하지 않은 증인의 진술에 대해 유효한 것으로 본다. 이전의 형사소송절차는 예심판사절차 전에 작성된 경찰 제출서류, 피고인, 증인, 전문가에 의해 작성된 진술조서와 보고서에 기초한 방법이 지배적이었으며, 그로 인해 당사자주의원리가 상당히 위태로워졌다. 유럽인권법원의 최근 판례법의 영향에 의해서 요즘은 일반적으로 더 많은 증인을 소환하도록 강조하며 당사자주의의 원리에 충실해지고 있다. 전문가의 진술(감정)은 전문가의 의견이 요구되어지는 문제와 관련하여 전문가의 지식에 기초한 의견이다. 일반적으로 이 의견은 법정에서 낭독되어지는 전문가 증언보고서에 의해서 진술된다.

이 경우에 그 보고서는 조서자료(서증)의 증거목록에 포함된다. 형사소송법은 (진술)조서의 다섯 가지 범주를 구별한다 :

- 재판부의 구성원에 의해 작성된 결정서;
- 권한 있는 기관의 구성원이 작성한 보고서 예를 들면, 그들에 의해 개인적으로 인식되거나 경험된 사실 또는 상황에 대한 경찰 보고서;
- 공공기관에 의해 인식되고 알려진 사실 또는 상황의 공표에 포함된 그들의 권한과 관계된 문제와 관련된 공공기관의 문서;
- 전문가의 보고서; 그리고
- 기타 다른 서류

맨 마지막의 목록은 다른 증거방법의 내용과 관련될 때만 사용할 수 있다.

참고

> 우리나라의 경우 증거의 종류에 대하여는 규정하고 있지 않으나 전문법칙을 규정하고 있으며(형사소송법 제310조의2), 자백배제법칙(형사소송법 제309조), 자백의 보강법칙(형사소송법 제310조) 등을 규정하고 있다.

6.19 증거수집에 관한 원칙

증거획득의 방법을 통제하는 규정들은 주로 피고인 또는 증인의 심문과 과학적 증거를 얻기 위한 합법적 선행조건을 다루고 있다. 강제적인 수단이 증거수집에 이용될 수 있다. 원칙적으로 이 강제적인 수단은 법에 의해서 공판 전 구금이 인정된 범죄의 경우에 한하여 이용된다 (법률상 4년 또는 그 이상의 징역형을 수반하는 범죄). 강제적인 수사방법을 수행하기 위한 허가는 예심판사로부터 부여 받아야 한다.

불법적으로 획득한 증거는 세 가지 결과를 초래한다(예를 들면, 불법적 가택수색에서 수집한 증거 또는 불법적 도청).

- 법원은 불법행위에 의해 초래된 손해가 보상되어질 수 있는 경우에 불법행위의 중대성에 비례하여 형을 완화될 수 있다.

- 법원은 그 증거를 배척한다; 그리고
- 증거획득의 불법성이 공정한 형사절차의 원리를 침해한 재판이 될 수 있다면 사건을 기각한다.

참고

우리나라의 경우 강제수사방법에 대하여 영장주의에 의한 통제를 가하고 있으며, 형사소송법 제308조의2와 판례에 의하여 위법수집증거의 증거능력배제 법칙이 받아들여지고 있다.

E. 피해자

6.20 피해자의 법적지위

피해자라는 용어는 형사소송법에 규정되어 있지 않으며, 다른 어떤 형법에도 보이지 않는다. 피해자는 단지 증인, 정보제공자 또는 피해 당사자 지위에서 절차상 역할을 한다. 피해자는 공판 전 및 공판 단계에서 거의 권리를 가지고 있지 않다. 피해자는 형사 기소를 제기하거나 검사가 제출한 공소제기에 대하여 피해자 자격에서 심문받을 권리를 가지고 있지 않다. 피해자는 변호인의 조력을 받을 권리나 항변할 권리를 가지고 있지 않다. 피해자의 취약한 법률적 지위에 대한 변화된 의식과 범죄피해자와 권한남용에 대한 사법의 기본원리에 관한 UN선언(the United Nations Declaration on Basic Principles of Justice for Victims of Crime and the Abuse of Power(1985))을 반영하여 검찰은 피해자를 대하는 방법에 대하여 수많은 지침들을 내놓았다. 그 지침들은 피해자에게 경찰과 검사가 범죄자를 기소할 것인지 여부 및 범죄자로부터 금전적인 보상의 가능성이 있는지에 대해 고지하도록 하고 있다.

게다가 피해자의 법적 지위는 1993년 범죄피해보상법[Criminal Injuries Compensation Act]에 의해 실질적으로 개선되었다. 현재 피해자는 경찰기록에 접근[acces]할 수 있고, 검사로부터 형사소송절차의 상황에 관하여 고지 받을 권리가 있다.

이러한 회복적 사법모델은 점점 더 많은 지지를 받고 있다.

참고

우리나라의 경우 헌법 제27조 제5항 및 형사소송법 제294조의2 제1항에서 피해자 진술권을 인정하고 있다.

또한 헌법 제30조 및 이에 따른 범죄 피해자 구조법에 의하여 구조금을 받을 수 있고, 범죄피해자보호법에 의하여 국가로부터 범죄피해자는 보호 및 지원을 받을 수 있다.

6.21 불기소에 대항하는 피해자의 이의제기

네덜란드의 형사소송법은 기소권한을 검사에게 배타적으로 부여한다. 그러므로 국가는 어떠한 제한도 없이 기소에 대한 독점권을 가지며, 피해자는 사적으로 기소권한을 가지지 못한다.

누구든지 범죄의 기소에 관한 이익과 관계된 자는 사건의 기각결정에 대하여 고등(항소)법원에 이의를 제기할 수 있다(재정신청). 이에 법원은 검사에 의해 자유재량권한이 행사된 방법을 조사한다. 이 조사는 결정의 합법성(문제된 사건에 법이 적절하게 적용되었는지의 문제)뿐만 아니라 자유재량의 행사(당해 결정이 일반적인 기소정책과 조화하는지의 한도에 대한 조사)에 미친다. 항고인은 법원의 심리에 참여할 권리를 가지고, 변호인의 조력을 받을 수 있다. 고등(항소)법원은 검사가 그의 자유재량권한을 남용한 것이 발견된 경우에 검사에게 기소할 것을 명령할 수 있다. 그러나 실무상 고등법원이 기소를 지시하는 일은 드물다.

이와 더불어 기소에 대한 사법적 통제 외에도 기소에 대한 행정적 통제는 기소의 이익이 있는 자의 요구에 의해 발생할 수 있다. 개인은 검사에게 기소결정의 재검토를 요구할 수 있고, 이를 거절당한 경우에 하위 검사의 기소결정의 재검토의 요구를 검찰청의 직급상 상관에게 보고서를 쓸 수 있다.

참고

> 우리나라의 경우 고소·고발사건의 경우 검사처분시 처분고지(법 제258조), 공소불제기이유고지(법 제259조) 등을 규정하고 있으며, 위 사건의 경우 3개월 이내에 처분하도록 하고 있다(법 제257조), 검사의 불기소처분에 불복하는 경우 검찰청에 항고 및 재항고할 수 있다.(검찰청법 제10조). 또한 일부 범죄에 대하여는 법원에 재정신청을 할 수 있다.(법 제260조), 고소인의 경우 헌법소원도 인정하고 있다.

6.22 형사재판에서 민사상 청구

1993년의 범죄피해보상법에 따라 피해 당사자 지위에서 피해자는 공판 전 또는 공판 단계에 피해 당사자로서 절차에 참여할 수 있고, 형사절차와 관련하여 형사법원의 결정에 의해서 범죄자로부터 완전한 금전적 보상을 청구할 수 있다. 그 청구는 물질적 그리고 정신적 손해로 구성된다. 범죄행위에 의해 사망한 피해자의 법정상속인 또한 재판절차에 참여할 수 있다. 형사절차에 참여하여 요구할 수 있는 법률상 최대 금액의 제한은 없으나, 청구는 명확해야 하고 형사법원에 의해 다루어 질 수 있도록 너무 복잡하지 않아야 한다.

일반적으로 참여 당사자는 공판 전 단계에서는 검사에 의해 다루어지는 형식과 공판 단계에서는 피해 당사자의 개인적 자료와 청구의 근거와 청구의 내용에 관한 정보를 가지고 있는 법원에 의해 다루어지는 형식의 영향을 받는다. 청구의 적절한 준비를 위하여 피해 당사자는 사건에 대한 경찰기록을 열람할 수 있다. 범죄자에게 보상을 청구할 때 피해자는 국가의 도움을 받을 수 없으나 변호인 또는 대리인의 조력을 받을 수 있다.

국가는 피해 당사자의 효과적인 회복을 위한 소송을 직접적으로 돕지 않는다. 그러나 범죄자가 보상청구를 꺼리기 때문에 피해회복이 불가능하게 되는 상황을 방지하기 위하여 법원은 부분적으로 범죄자가 보상액을 지불할 것을 조건으로 집행유예를 부과하거나 보상명령을 부과할 수 있다. 보상명령은 국가에 의해 강제적으로 실행된다.

참고

우리나라의 경우 소송촉진 등에 관한 특례법 제25조 이하에서 일정범죄에 대하여 형사소송에서 부대소송의 형식으로 불법행위에 의한 배상청구를 당해 형사소송절차에 함께 병합청구할 수 있도록 하였다. (소촉법 제25조 제1항 '제1심 또는 제2심의 형사공판절차에서 형법 제257조 제1항, 제258조 제1항 및 제2항·제259조 제1항 · 제262조(존속폭행치사상의 죄를 제외한다). 형법 제26장, 제38장 내지 제40장 및 제42장에 규정된 죄에 관하여 유죄판결을 선고할 경우에 법원은 직권 또는 피해자나 그 상속인의 신청에 의하여 피고사건의 범죄행위로 인하여 발생한 직접적인 물적 피해, 치료비손해 및 위자료의 배상을 명할 수 있다)

6.23 형사피해자 보상금

네덜란드에는 1976년 형사피해자 보상기금이 설립되었다. 심각한 물리적 또는 정신적 피해를 야기하는 폭행범죄의 피해자는 이 기금으로부터 물질적 손해의 경우 22,700유로까지, 정신적 손해의 경우 9,100유로까지 이 기금에서 보상을 청구할 수 있다. 국가위원회는 청구를 받아들일지에 대해 결정하며, 이 결정에 대한 이의는 헤이그에 있는 고등(항소)법원에 제기된다.

보상기금은 해마다 약 5백만 유로를 피해자에게 지급한다. 약 5,000건이 청구되며, 청구의 대부분이 받아들여진다.

참고

우리나라도 범죄피해자 구조법, 범죄피해자 보호법 등이 시행되고 있다.

6.24 피해자 지원센터

형사피해자 국가 지원기관을 통해 법무부 장관이 지원하는 지방피해자 지원센터는 예를 들어, 형사피해자 보상기금을 통해 피해자를 관리하는 등 지방을 담당하고 개개의 범죄 피해자에게 지침과 도움을 제공한다. 해마다 1,700명이 넘는 전문가 그리고 자원봉사자가 100,000명 이상의 피해자를 담당한다. 그들은 특히 근친상간, 강간 및 다른 폭력범죄 형태의 피해자들에게 관심을 기울인다. 강도피해자에 대한 지원, 관광객을 위한 피해자 지원, 성폭력 범죄의 피해자에 대한 원조와 같은 특별한 범죄그룹 피해자를 지원하는 수많은 단체들로 발전되었다. 대부분의 경우에 경찰은 피해자를 피해자 지원센터에 보낸다. 피해자 지원센터는 재정적 그리고 물질적 도움을 제공하고, 범죄로부터 야기된 정신적 그리고 정서적인 문제를 극복할 수 있도록 피해자를 돕는다. 피해자는 범죄자와 더 이상의 접촉을 피하도록 도와주며, 주거문제와 고용 같은 실질적 문제를 해결하도록 지원한다. 피해자 지원센터는 또한 범죄사건과 범죄자에 대한 정보를 제공할 뿐만 아니라 범죄예방을 위한 기술적인 측면의 정보도 제공한다.

참고

우리나라도 2005년도에 신설되고 2010년에 전부개정된 범죄피해자 보호법에 의하여 국가 또는 지방자치단체로부터 범죄피해자는 보호 및 지원을 받을 수 있다.

07

형사제재

7.1 형벌의 분류

오늘날 네덜란드의 성인에 대한 형사제재는 형벌과 보안처분으로 구분된다. 형벌은 응보와 일반예방에 목표를 둔다. 응보는 타인에게 가한 위해에 대한 반작용으로서 형벌이라는 고통을 범죄인에게 가하는 것을 의미한다. 따라서 응보는 복수의 요소로서 구금의 기간은 비난가능성의 수위와 상응하여야만 한다.

한편, 보안처분은 개인 또는 재산의 안전과 사회보안의 안전을 증진하는 데에 목적을 둔다. 보안처분이 형사제재라는 것은 의심의 여지가 없으나, 그 범죄를 저지른 자를 비난할 수 없다는 의미에서 형벌과는 다르다.

형법전은 더 나아가 주요 형벌과 부수 형벌 즉, 원래부터 주요 형벌에 결합해서만 부과할 수 있었던 부수 형벌을 구분하고 있다. 1984년 이래 부수 형벌은 주요 선고형이 되었다.

7.2 성인에 대한 형사제재

여러 주요 형벌들은 형법전 제9장에 다음과 같이 규정되어 있다.

- 자유형(10 - 13절)
- 단기자유형(18 - 19절)

- 사회봉사 형벌(22c-22k절)
- 벌금(23-24c절)

모든 범죄에 대해 각각의 범죄를 제한한 법률에 의해 법정최고형이 정해져 있다. 법정 최고형은 가능한 최악의 중대한 경우를 반영하며, 예컨대 강간은 12년, 주거침입절도 6년, 강도죄 9년, 단순절도 4년과 같은 방식으로 주요 범죄에 최고 한도가 정해져 있다.

참고

우리나라 형벌의 종류는 형법 제정 이래 변함없이 사형·징역·금고·자격상실·자격정지·벌금·구류·과료·몰수 등 9가지이다(제41조). 이를 형벌이 박탈하는 법익에 따라 다시 생명형·자유형·재산형·명예형으로 구분한다. 즉 사형은 생명형이고 징역·금고·구류는 자유형, 자격상실·자격정지는 명예형이고 벌금·과료·몰수는 재산형이다. 구형법에서는 몰수는 주형에 부과해서만 선고할 수 있는 부가형으로 규정하였다. 현행법은 주형과 부가형의 구분을 폐지하였으나 몰수형의 부가성은 인정하고 있다(제40조).

형벌의 단순화는 형법개정시마다 대두되는 단골주제이며 특히 자유형의 단일화는 이전부터 요구되어 왔다.

7.3 사형

일반범죄에 대한 사형은 1870년에 폐지되었다. 군사범죄와 전쟁범죄에 대한 사형은 1983년에 네덜란드 헌법에 의해 폐지되었으나 이미 1950년 이래 적용되지는 않았다. 네덜란드는 사형폐지에 대한 유럽인권협약 제6조를 비준하였다.

참고

사형의 집행방법으로 우리 형법은 교수絞首를 규정하고 있고(형법 제66조), 예외적으로 군형법에 총살이 규정되어 있다(군형법 제3조). 형법상 여적죄(제93조)는 사형이 절대적 법정형으로 규정되어 있고, 사형과 자유형이 선택적으로 규정된 범죄로는, 내란죄(제87조), 내란목적살인죄(제88조), 외환유치죄(제92조), 모병이적죄(제94조), 시설제공이적죄(제95조), 시설파괴이적죄(제96조), 간첩죄(제98조), 폭발물사용죄(제119조), 현주건조물방화치사죄(제164조), 살인죄(제250조), 강도살인(제338조), 해상강도살인·치사·강간죄(제340조), 인질살해(제324조의4) 등이 있다. 형법 이외에도 국가보안법, 폭처법, 특가법, 군형법 등 특별형법에는 100여 개가 넘는 사형범죄가 훨씬 폭넓게 규정되어 있다.

사형제도의 존폐 논의는 오랫동안 학계와 실무에서 치열하게 반복되어 왔으며 그 법철학적, 형사정책적 존폐론의 근거는 이미 잘 알려져 있다.

헌법재판소[1]와 대법원은 아직 사형의 정당성과 필요성을 인정하고 있는 반면, 학설은 폐지론이 유력하다. 우리나라는 10년 넘게 사형을 집행하지 않아 사실상 폐지국으로 분류된다.

7.4 주요 형벌

- 자유형

범죄에 대해서만 부과할 수 있는 네덜란드 형벌 체계 중 가장 가혹한 형벌은 징역형이다. 상대적으로 매우 드물게 부과되긴 하지만 가장 가혹한 형태는 종신형이다. 종신형은 약 20여 개 범죄에 대해 법정형으로 규정되어 있으나, 형법전은 그 어떤 사정하에도 강제적인 종신형을 규정하고 있지 않다. 형벌가중사유가 있는 모살謀殺이나 고살故殺과 같은 최악의 범죄에 대해 무기징역(종신형)과 20년 이상의 유기징역에 처할 수 있다. 더욱이 1983년 이래 모든 범죄에 대해, 심지어 법률상 무기징역에 처하는 경우에도 벌금이 부과될 수 있다.

종신형은 기간을 정하지 않고 자유를 박탈하는 것이다. 무기징역에는 보호관찰이나 가석방이 적용되지 않는다. 그러나 무기징

1 헌법재판소 1996.11.28. 95헌바1

역은 사면에 의해 유기징역 예컨대, 징역 20년형으로 전환될 수 있다. 이와 같이 유기징역으로 전환된 후에 범죄인에 대한 조기 가석방이 고려된다. 대체로 종신형은 실제로는 약 15년 정도의 유기징역을 의미한다.

유기징역은 가장 흔히 적용되는 자유형으로, 법률상 최소 1일에서 최대 15년까지 부과할 수 있으며, 특정 상황하에서는 최대 20년형까지 적용할 수 있다. 다른 나라들의 상황과는 달리, 최소 자유형의 기간을 정하여 부과하는 내용을 특별히 규정하는 범죄는 없으므로 모살에 대해서도 이론상으로는 징역 1일을 선고할 수 있다.

동시 또는 연속적으로 수 개의 범죄를 저지른 범죄인에 대해서 법원은 가장 무거운 범죄에 해당하는 법정최고형의 3분의 1을 넘는 징역형을 부과할 수 있다.

- 단기자유형

단기자유형은 경범죄에 대한 구금형이다. 단기자유형의 최소 기간은 1일, 최대 기간은 1년이다. 상습범죄처럼 특별한 경우 최대 기간은 16개월로 늘어날 수 있다. 본래 명예구금[custodia honesta]으로 의도했던 탓에 단기자유형은 징역형보다는 가벼운 것으로 생각되지만, 실제로 집행에 있어서 양자는 거의 차이가 없다.

참고

우리 형법은 징역, 금고, 구류의 세 가지 자유형을 규정하고 있다. 징역과 금고는 유기와 무기로 구분되어 있으며(제42조 제1항). 징역과 금고는 강제로 정역定役을 부과하는지 여부에 따라 구분되는데 징역만 정역을 부과한다. 유기자유형은 1개월 이상 30년 이하로 하고, 형을 가중하는 때에는 50년까지이다(제42조 제2항). 2010년 4월 15일 형법개정을 통해 자유형을 30년까지 선고할 수 있게 되었고, 경우에 따라 50년까지 가중되는 형을 부과할 수 있게 되었다(제42조). 사람들은 이 같은 형법개정을 "입법에 의한 쿠데타"라고 칭한다. 이러한 개정은 구 사회보호법상 보안감호의 기능을 자유형이 넘겨받은 것이며, 이토록 자유형이 늘어난 것에 대해 학자들은 "역전된 간판사기"라고 비판하였다.[2]

구류는 1일 이상 30일 미만으로 하며(제46조) 사소한 범죄를 대상으로 한다. 구류는 그 기간 짧다는 점에서 징역과 금고와는 다르다. 구류는 강제노역을 부과하지 않는다. 구류는 주로 경미한 범죄들을 대상으

2 법무부, 형법(총칙)일부개정법률안 제안이유서, 2011.4.7. 보안목적의 '형벌사칭'의 폐해는 폐지된 사회보호법상 보호감호에 대한 비판으로 '명칭사기'의 폐해보다 더 암암리에 그리고 (형법전반에 걸쳐) 폭넓게 퍼질 위험이 있다. 일반조항으로 형벌의 상한선이 30-50년으로 늘어난 결과는 특정위험범죄만을 대상으로 하고 위험성 판단을 근거로 각종 완화책을 두고 있는 합리적 보호수용을 운영하는 결과보다 모든 측면에서 훨씬 위험하다.

로 하는 경범죄처벌법이나 단행법률에서 인정되고 있으며, 형법상 구류가 선택형으로 규정되어 있는 범죄는 공연음란(제245조), 단순폭행(제260조 제1항), 단순협박(제283조 제1항), 편의시설부정사용(제348조의2), 과실치상(제266조 제1항) 등이 있다.

금고는 본래부터, 과실범, 정치범 등과 같이 범인의 명예를 존중할 필요가 있는 경우에 부과하며, 수형자의 신청이 있으면 작업을 과할 수 있다. 그러나 대부분의 수형자들은 수형기간의 무료함을 달래고, 수감 중에 돈을 벌 수 있다는 점에서 자유형을 집행하는 기간 동안 노역에 종사하는 것을 원한다는 점에서,[3] 오늘날 징역과 금고의 차이는 의미가 없다. 양자를 엄격히 구분하는 것 자체가 이미 진부한(특히 육체노동) 노동혐오사상에 기인하고 있으므로, 2011년도 개정초안은 양자의 구분을 없애 징역형으로 자유형을 단일화 하였다.

일반적으로, ⅰ) 징역과 금고의 대상범죄를 구별하기 곤란하다는 점, ⅱ) 징역이 금고에 대하여 강한 억압력을 가지는 것도 아니라는 점, ⅲ) 구류는 전혀 의미 없는 응보에 지나지 않으므로 폐지하는 것이 타당하다는 점, ⅳ) 교도행형 정책의 일관성을 유지하기 위해서는 자유형을 단일화하는 것이 효과적이라는 점 등을 논거로 대부분의 학자들은 자유형을 통일화할 것을 주장하며 이러한 맥락에서 (구류를 포함하여) 단기자유형을 폐지할 것을 요구하고 있다.

3 형의 집행 및 수형자의 처우에 관한 법률 제67조에 의하면 수형자는 신청에 의해 노역에 종사할 수 있다.

생각건대, 노동을 신성한 것으로 여긴다면 정역을 과하는 것이 명예 손상이 될 수 없고, 자유형의 통일화는 행형에서 수형자의 재사회화를 효과적으로 실현할 수 있을 것이라 판단되며, 단기자유형의 3S 효과는 (short, sharp, shock) 아직까지 긍정적이라는 증거가 없고, 오히려 그 낙인효과 때문에 수형자의 재사회화를 어렵게 하므로 구류를 폐지하고 금고와 자유형을 통합하여 징역으로 단일화할 필요가 있다고 보여진다. 한편, 독일 형법이 구류를 폐지하고 자유형을 단일화하였고, 오스트리아 형법 역시 구류를 자유형에 포함시키고 금고와 징역을 통합하여 단일화한 것도 간과해서는 안될 것이다.[4]

그러나, 형법은-역시 1992년 초안과 2011년 초안도 포함하여-단기자유형을 유지하고 있다. 단기자유형은 수형자를 교도소에서 범죄를 학습하거나 범죄성을 강화시키는 역효과가 있을 우려가 크다. 특히 보통 6월 이하의 단기자유형은 범죄인의 개선에는 불충분하고 범죄를 학습하거나 범죄성을 강화하는 데는 충분한 기간이라고 비판한다.

또한 인간의 노동력이 경제의 중요한 원동력이었던 시대가 저물면서 국가경제적 차원에서는 교도소유지에 많은 비용을 들일 뿐이므로, 민간교도소를 유지하는 등 대책에 골몰하게 되었고, 자본주의 사회에서 현실적인 주형은 징역형이 아닌 벌금형으로 옮겨가는 추세에 있다.

4 독일 형법 제38조 제2항은 "자유형은 1월 이상 15년 이하로 한다"고 규정하고 있고, 오스트리아 형법 제18조 제2항은 "유기자유형은 1일 이상 20년 이하로 한다"고 규정하고 있다.

- **사회봉사 형벌**[task penalty]

사회봉사 형벌은 사회내 처우로 점차 증가추세에 있으며 구금형 선고의 비율을 점차 감소시키고 있다. 사회내 처우의 다양한 형태로서 예컨대 전자감시와 중간처우 등은 자유박탈모델의 대안 형태이다. 사회내 처우는 1970년대 1974년 대안형사제재위원회의 설립으로 발전하였다. 이 위원회는 단기자유형을 줄이기 위해 새로운 선고 조건들을 정부에 권고하기 위해 설립되었다.

유럽장관위원회 결의문(76) 10과 영국 및 스코틀랜드에서의 긍정적인 경험을 바탕으로 선고 조건으로서 사회봉사명령[community service order]을 제안했다. 대안형사제재위원회는 1979년에 형사제재의 대안으로서 지역사회 지원요원(CSO: community support officer) 시험도입을 제안하였고, 1981년 2월에 실시되었다.

정부의 가이드라인은 그러한 시험도입은 현행법의 틀 안에서 이루어져야 한다고 하고 있다. 즉, 사회봉사명령은 검찰에 의해 기소유예의 조건이나 집행유예의 조건으로 부과할 수 있었다.

이러한 실험 끝에 사회봉사명령[CSO]을 법으로 규정하여 적용한 것은 1987년 12월 형법전에 우선 성인범을 대상으로 도입되었다. 소년범에 대해서는 1995년 9월부터 도입되었다. 형사법원은 사회봉사명령을 6개월 이하의 조건 없는 징역형이나 일부 유예형/ 6개월 이하의 조건 없는 자유형이 부분적으로 부과되는 형에만 부과할 수 있다. 사회봉사명령은 집행유예, 벌금, 벌금미납구금의 대안으로 이용될 수는 없다.

사회봉사명령에 처해지는 성인범은 급격히 증가하여 1983년에 2,000명에서 200년대에는 18,000명을 상회하였다.

2001년에 사회봉사명령[CSO]에 대한 규정이 상당히 개정되었다. 사회봉사명령은 사회봉사 형벌[task penalty]로 대체되었는데, 이것은 더 이상 자유를 제한하는 단기자유형의 대안이 아니고, 구금형보다는 가벼운 형사제재의 조건과 구분되며, 벌금보다는좀 더 가혹한 것이다. 사회봉사 형벌은 작업명령, 교육명령 또는 양자의 혼합으로 구성된다.

사회봉사 형벌은 총 480시간을 초과할 수 없고, 이 중 작업명령 시간은 240시간을 초과할 수 없다. 또한 12월 내에 종결되어야 하나 완료기간은 연장이 가능하다.

사회봉사 형벌을 부과하면서 법원은 사회봉사 형벌이 준수되지 않는 경우에 대체되는 구금기간을 언급하여야 한다. 대체되는 구금기간은 최소 하루에서 최대 8개월까지이다. 사회봉사 형벌 2시간을 구금 1일로 계산한다. 사회봉사 형벌의 일부분이 준수될 때 구금기간은 이 비율로 감소한다.

검찰은 사회봉사 형벌 준수에 대한 감독책임이 있으며, 이러한 목적의 보호관찰과 연계된 개인 및 기관으로부터 정보를 요청받을 수 있다. 적절한 경우 검찰은 수행되는 임무의 성격을 바꿀 수 있고 교육을 진행할 수 있다.

검찰은 사회봉사 형벌의 이행이 적절하게 충족될 경우 판결을 받은 대상자에게 가능한 한 즉시 통보하여야 한다. 만약 사회봉사 형벌 선고를 받은 자가 적절하게 형벌을 이행하지 않을 경우, 검찰은 선고된 구금의 집행명령을 할 수 있고, 실시한 사회봉사 형벌의 시간은 구금집행 기간에 적절히 산입된다. 형을 선고받은 자는 구금의 집행명령에 대해서 사회봉사 형벌을 부과한 법원에 항소할 수 있다. 구금의 집행명령은 사회봉사 형벌의 종료시점으로부터 3개월 내에 부과해야 한다. 보호관찰소는 사회봉사 형벌의 행정책임을 지며, 각 19곳의 관할지역에서 임명된 보호관찰관들은 임무수행명령을 받은 임무수행현장을 조사한다. 임무수행명령은 사회에 도움이 되어야 한다. 이것은 지방자치단체와 같은 공공기관, 보건의료와 관련된 사적 기관, 환경과 자연보호, 사회/문화적 일을 하는 기관과 함께 추진할 수 있다.

교육명령의 성격은 판이하다. 이것은 형이 선고된 범죄인이 특정한 행동양식을 학습하기 위한 과정이나 피해자에 대한 그의 범죄행위의 결과들과 마주하기 위한 교육과정을 따르는 것이다. 교육명령은 교육과정에 참여함으로써 행동변화에 동기를 주거나, 상호소통 또는 사회적응력을 높일 수 있다고 기대되는 범죄자들에게 주로 부과된다.

참고

네덜란드의 사회봉사 형벌[task penalty]은 명시적으로 'penalty'라는 용어를 쓰고 있으며 형벌의 일종으로 규정하고 있으므로, 우리의 사회봉사명령과는 기본적으로 성격이 다르다고 평가된다. 사회봉사명령과 수강명령은 제3의 형사제재로 분류되기도 한다.

그러나 우리 판례에 의하면 사회봉사명령은 보안처분의 일종이 아닌 형벌을 본성을 가지고 있더고 보고 있다. 우리 판례도 보호관찰 등 전형적인 보안처분에 대해서는 소급효금지의 원칙을 적용하지 않으나, 사회봉사명령에 대해서는 소급효금지의 원칙을 적용한다.

(대법원 1998.4.24. 98도98) 형법 제62조의2 제1항은 "형의 집행을 유예하는 경우에는 보호관찰을 받을 것을 명하거나 사회봉사 또는 수강을 명할 수 있다."고 규정하고 있는바, 그 문리에 따르면, 보호관찰과 사회봉사는 각각 독립하여 명할 수 있다는 것이지, 반드시 그 양자를 동시에 명할 수 없다는 취지로 해석되지는 아니할 뿐더러, 소년법 제32조 제3항, 성폭력범죄의 처벌 및 피해자보호 등에 관한 법률 제16조 제2항, 가정폭력범죄의 처벌 등에 관한 특례법 제40조 제1항 등에는 보호관찰과 사회봉사를 동시에 명할 수 있다고 명시적으로 규정하고 있는바, 일반 형법에 의하여 보호관찰과 사회봉사를 명하는 경우와 비교하여 특별히 달리 취급할 만한 이유가 없으며, 제도의 취지에 비추어 보더라도, 범죄자에 대한 사회복귀를 촉진하고 효율적인 범죄예방

을 위하여 양자를 병과할 필요성이 있는 점 등을 종합하여 볼 때, 형법 제62조에 의하여 집행유예를 선고할 경우에는 같은 법 제62조의2 제1항에 규정된 보호관찰과 사회봉사 또는 수강을 동시에 명할 수 있다고 해석함이 상당하다.

반면, (대법원 2008.7.24. 자 2008어4 결정) 가정폭력범죄의 처벌 등에 관한 특례법이 정한 보호처분 중의 하나인 사회봉사명령은 가정폭력범죄를 범한 자에 대하여 환경의 조정과 성행의 교정을 목적으로 하는 것으로서 형벌 그 자체가 아니라 보안처분의 성격을 가지는 것이 사실이다. 그러나 한편으로 이는 가정폭력범죄행위에 대하여 형사처벌 대신 부과되는 것으로서, 가정폭력범죄를 범한 자에게 의무적 노동을 부과하고 여가시간을 박탈하여 실질적으로는 신체적 자유를 제한하게 되므로, 이에 대하여는 원칙적으로 형벌불소급의 원칙에 따라 행위시법을 적용함이 상당하다.

- 벌금형

벌금은 주요 형벌 중에서 가장 가벼운 것이다. 원래 벌금은 오직 규칙위반이나 경범죄에 대해서만 적용되었다. 1983년 경제형벌법[Financial Penalties Act]이래 종신형에 해당하는 범죄자를 포함한 모든 범죄에 대해 벌금형을 처할 수 있게 되었다.

더 나아가 1983년 위 법률은 벌금형이 자유형보다 우선되어야 한다는 원칙을 천명하였다. 형사소송법 제359조는 법원에게 벌금형 대신에 구금형에 처할 경우에는 특별한 사유가 있어야 할 것을 요구하고 있다.

1983년 법률은 1970년대 중반부터 자유형을 효과적으로 줄여 좀 더 나은 기회를 창출하는 관점에서 시작된 벌금체계의 중요한 개혁 중 최종 부분이었다.

이 법개정은 1966년에 설립된 경제범형벌위원회에 의해 준비되었으며, 벌금형 개정작업은 1976년에 시작되어 경제형벌집행법[Financial Penalties Enforcement Act]으로 입법되었다. 이 법의 주요 목적은 벌금형이 단기자유형보다 기능적으로 효과적인 대안이 될 수 있기 때문에 벌금형의 집행을 향상시키는데 있었다. 이 법은 벌금분납과 분할 납부에 대한 다양한 기회를 도입했고, 벌금을 납부하지 않을 경우 회복적 사법절차를 단순화하며, 대체구금의 상한벌금을 줄이는 방안을 도입했다.

그 다음 단계는 1983년 경제형벌법[Financial Penalties Act]의 채택이었다. 이 법은 모든 범죄에 대해 각각의 규정으로 법정 최고의 벌금을 부과할 수 있는 낡은 벌금체계를 보다 간편하고 편리한 범위로 대체하였다. 모든 범죄에 대한 최소한의 벌금은 2유로이다. 벌금의 최고액은 범죄 내지 위반행위에 정해진 벌금의 범위에 따른다.

1983년 법은 최고 225유로, 2,250유로, 4,500유로, 11,250유로, 45,000유로, 450,000유로로 6가지 범위를 만들었다. 질서위반행위는 처음 세 가지 벌금형과 일반범죄는 Ⅱ내지 Ⅴ범위에 해당한다. Ⅵ범위 벌금형은 경제범죄법과 마약범죄법처럼 몇 개의 형사특별법에서 정해진 경우만 법인과 개인에게 부과할 수 있다.

1983년 벌금형체계를 개정할 때에도 낡은 고정된 총액벌금제는 유지되었다. 경제형벌위원회의 권고에 따라 유럽형사사법체계에서 점차 늘어난다고 알려진 일수벌금제는 이론상으로 뿐만 아니라 실무상으로도 거부되었었다.

이 법은 법원이 벌금형을 선고할 때 수입이나 재정 상태에 맞지 않게 처분되는 범죄자가 없도록 형을 적당히 조절할 필요가 있는 한에서 재정 상태를 고려하여 범죄자에게 선고하도록 촉구하고 있다. 따라서 범죄와 벌금 그리고 벌금과 지불능력 사이 두 갈래의 비율테스트를 해야만 한다.

참고

우리 현행 형법상 벌금형은 5만 원 이상 부과하도록 되어 있으며, 상한에는 제한이 없다. 다만, 벌금형이라도 형의 감경이 인정되는 때에는 그 금액이 5만 원 미만으로 내려갈 수도 있다(제45조). 또한 벌금을 납입하지 않는 자에 대해서는 1일 이상 3년 이하의 범위내에서 노역장유치를 명할 수 있는데(제69조), 이를 위해 법원은 벌금형을 선고할 경우 대체유치의 기간(환형처분의 기간)을 동시에 선고하도록 하고 있다(제

70조 제1항). 이 경우 선고하는 벌금 액수가 1억 원 이상 5억 원 미만인 때에는 300일 이상, 5억 원 이상 50억 원 미만인 때에는 500일 이상, 50억 원 이상인 때에는 1,000일 이상이 되도록 벌금형의 환형유치기간을 정해야 한다(제70조 제2항).[5] 나아가 벌금은 판결확정일로부터 30일 이내에 납입하여야 하며, 벌금의 일부를 납입한 때에는 벌금액과 유치기간의 일수를 비교하여 납입금액에 상당한 일수를 제하고 나머지의 기간 동안 노역장유치를 부과하도록 하고 있다(제71조). 마지막으로 현행 형법상 벌금형에 있어서는 선고유예는 허용되지만(제59조 1항), 집행유예는 허용되지 않는다(제62조 1항).[6]

5 과거, 노역장유치 기간 및 노역일당에 대해서는 법관의 재량에 의하여 정하고 있었기 때문에 고액벌금형의 경우 피고인이 벌금을 납입하지 않더라도 일부 재판의 경우에는 단기간 동안 노역장에 유치되는 것만으로 벌금액 전액을 면제받게 되는 문제점, 이른바, 황제노역의 문제로 인하여, 2014년 5월 형법개정(2014.5.14. 일부개정 법률 제12575호)으로 노역장유치기간을 제한함으로써 고액 벌금형을 단기의 노역장 유치로 무력화하지 못하게 하였다.

6 2016년 형법개정(2016.1.6. 일부개정 법률 제13719호)에서는 벌금형에도 집행유예를 선고할 수 있도록 개정하였다. 개정전, 징역형에 대해 인정되는 집행유예가 징역형보다 상대적으로 가벼운 형벌인 벌금형에는 인정되지 않아 합리적이지 않다는 비판이 제기되어 왔고, 벌금 납부능력이 부족한 서민의 경우 벌금형을 선고받아 벌금을 납부하지 못할 시 노역장에 유치되는 것을 우려하여 징역형의 집행유예의 판결을 구하는 예가 빈번히 나타나는 등 형벌의 부조화 현상을 방지하고 서민의 경제적 어려움을 덜어주기 위해 벌금형에 대한 집행유예를 도입할 필요가 있었다. 다만, 개정에서는 고액 벌금형의 집행유예를 인정하는 것에 대한 비판적인 법감정이 있는 점 등을 고려하여 500만 원 이하의 벌금형을 선고하는 경우에만 집행유예를 선고할 수 있도록 규정하였다. 하지만, 벌금형을 선고받은 사실을 일정한 결격사유로 정하고 있는 법률이 다수 존재하고 벌금형의 집행유예가 도입됨에 따라 그러한 법률 역시도 정비가 필요한 점을 고려하여 공포 후 2년이 경과한 후에 시행(2018.1.7. 시행)하도록 하였다.

일수벌금제도는 1970년대 후반부터 꾸준히 제기되어 왔던 문제이다. 1992년 법무부 형사법개정특별위원회는 일수벌금제 도입에 대해, 이론적 장점이 있음에도 불구하고 일수 정액을 결정하기 위해 피고인의 재산상태를 정확히 조사하는 것이 사실상 불가능하고 재산상태의 조사를 담당하는 조사관 제도도 마련되어 있지 않은 현실에서 정확한 일수정액의 산정이 불가능하다는 이유로 제도도입은 시기상조라는 입장을 취하였다.[7] 2011년 형법총칙개정안에서도 재산상태에 관한 충분한 기초조사가 이루어지기 곤란한 현실에서 일수벌금제를 도입할 경우 오히려 사법부에 대한 불신을 가중시키고 형평성 시비를 불러일으킬 우려가 있다는 이유로 도입하지 않기로 하였다.[8] 다만, 재산 상태에 따라 벌금형의 형벌효과가 달라지는 폐해를 줄이기 위해 양형의 고려사항으로 범인의 재산 상태를 의무적으로 고려하도록 제46조 3항에서 "벌금액은 범인의 경제적 사정을 고려하여 정하여야 한다"는 규정을 두었었다.

일수벌금제는 피고인의 책임과 경제적 능력을 고려하여 벌금액을 선고함으로써 총액벌금제가 가지는 형벌효과의 불평등을 해소하고자 하는 제도로 자본주의에 있어서 자유형에 버금가는 개인이 감수하는 고통을 균등하게 실현하려는 취지에서 시행되고 있는 제도이다. 또한 벌금의 부과과정을 투명하게 하여 형사사법제도에 대한 신뢰를 증진

7 법무부, 형법개정법률안 제안이유서, 1992.10, 55.

8 법무부, 형법(총칙)일부개정법률안 제안이유서, 2011.4. 53.

하고, 일수정액의 산정이 개인의 경제적 능력을 기초로 산정되기 때문에 형벌의 구체적 정의를 달성하여 공정사회를 실현시킬 수 있으며, 단기자유형의 폐해를 줄일 수 있다는 장점이 있다.[9]

7.5 벌금미납구금

벌금형과 그 밖의 사법상 과해진 경제형벌의 집행책임은 전적으로 검찰에게 있다. 만약 유죄판결을 받은 자가 벌금을 납부하지 않을 경우 벌금은 범죄자의 재산에서 환수된다. 검찰이 조건부로

9 이재상, 「벌금형제도 재고」, 법조, 1977.1; 김기춘, 『형법개정시론』, 삼영사, 1984, 396면; 김일수, 「형법개정과 제재제도의 개선방향」, 형사정책 제5호, 1990, 19-20면; 정봉휘, 「일수벌금제도의 고찰」, 형사법연구 제4호, 1991, 212면; 오영근, 「형법개정안의 형벌제도에 대한 검토」, 형사정책연구 제3권 제2호, 1992 여름, 25-26면; 이영란, 「벌금형제도 소고: 벌금양형을 중심으로」, 형사법연구 제9호, 1996, 221면; 서보학, 「벌금형제도 소고: 비판과 입법론적 대안」, 형사정책연구 제10호, 1998, 79-83면; 김종덕, 「벌금형 집행률의 제고방안」, 비교형사법연구 제9권 제2호, 2007, 311면-312면; 이주희, 「일수벌금제도: 단기자유형의 대체수단」, 한양법학, 2007, 712면; 이용식, 「벌금형의 제도적 개선방안에 대한 연구」, 법무부(편), 형사법개정연구자료집, 2008, 528면-529면; 이진국, 「일수벌금제의 도입에 관한 소고」, 한양대학교 법학논총, 2010, 77면이하. 반면 일수벌금제가 책임원칙에 반하고 경제적 강자를 역차별하게 된다는 점을 들어 반대하는 견해로는 박기석, 「벌금형 개선방안」, 형사정책 제12권 제2호, 2000, 23-26면; 최병각, 「노역장유치의 실제와 벌금양형」, 형사정책 제12권 제2호, 2000, 214-217면; 박기석, 「법정형의 문제점과 개선방안」, 형사정책연구 제18권 제3호, 2007 가을, 387면; 이기헌, 「일수벌금형제도에 대한 고찰」, 형사정책연구 제18권 제3호, 2007, 514면.

제시한 재산환수가 이행되지 않는 경우에는 벌금미납구금이 집행된다. 벌금미납구금의 기간은 원래 벌금형을 부과할 때 법원이 정한다. 실무상으로는 통상 벌금미납구금 하루 당 25유로에서 45유로의 전환비율로 적용된다.

벌금미납구금의 법정 최소기간은 1일이고, 최대 기간은 12월이다. 벌금미납구금에 처해진 자는 수감 중에 벌금을 납부할 경우 석방될 수 있다.

벌금미납구금으로 인한 수용인구를 줄이기 위해서 형집행정책의 일부로서 범죄형태에 맞는 보다 효과적인 벌금환수 방법이 고안되고 있다. 이러한 정책의 목적은 형이 선고된 1년 내에 벌금의 95%를 환수하는 것이다.

오늘날 벌금미납구금은 더 이상 대안이 되지 않는다. 이러한 형태의 구금은 오늘날 형벌정책에 대한 논의의 대상이 아니다.

참고

우리나라는 벌금을 납부하지 않으면 일종의 환형처분으로서 1일 이상 3년 이하의 기간 동안 노역장에 유치하여 작업을 부과하게 된다 (제69조 제2항).

이전부터, 벌금을 납입할 의사는 있으나 경제적 능력이 없어 납입하지 못하는 경우 일률적으로 노역장유치로 환형되어 단기자유형을 선고받은 것과 같은 결과가 초래되는 문제점이 제기되어 왔다. 이에, 미납벌금을 사회봉사로 대체하여 집행할 수 있도록 형법 제69조 제2항에 대한 특례를 마련함으로써 노역장 유치로 인한 범죄 학습, 가족관계 단절, 구금시설 과밀화 등의 문제점을 해소하는 한편, 경제적 차이로 인한 형벌의 불평등, 사회양극화의 해소에 기여하고자 2009년 9월부터 "벌금 미납자의 사회봉사 집행에 관한 특례법"이 시행되어 경제적 무능력자만 노역장 유치되는 현실을 사회봉사로서 벌금집행을 대체할 수 있도록 하였다. 그러나, 300만 원 이하의 벌금액에 대해서만 사회봉사를 신청할 수 있고, 납부기간인 30일 내에 납부의무자의 신청이 있어야 하고, 납부할 수 없는 사유 등을 증빙해야 하는 등 신청조건이 까다로워 현실적인 집행실적은 미흡하다.[10] 보다 장기적으로는 구금을 통한 노역장유치 자체가 또다시 자유형으로 환원시킨다는 근본적인 문제점이 있으므로, 이를 완전히 사회봉사로 대체할 수 있는 체계적 방안의 마련이 필요하다고 본다.

10 2010년부터 2014년까지 전체 벌금 조정건수 대비 사회봉사 신청건수 비율은 약 0.4% 밖에 되지 않는다. 앞의 책, 19면, 표8 참조.

7.6 기타 사회내 처우

- 전자감시

전자감시는 근래 각광받고 있는 사회내 처우이다. 전자감시는 자유형 또는 미결구금 등 여타의 자유박탈 형식에 대한 대안으로 고려된다. 전자감시는 교정프로그램의 한 부분으로서 행형의 최종 단계에서 적용되거나 유예판결과 결합하여 적용된다. 자유형 이행의 최종 단계에서 전자감시를 적용하여 교도소에 있는 수형기간을 단축할 수 있다. 유예판결의 조건으로서 전자감시는 240시간의 사회봉사 형벌을 결합하여 6개월에서 1년 사이의 자유형을 대체할 수 있다.

전자감시의 지지자는 전자감시가 보호관찰소 소관으로 할 것을 제안했다. 보호관찰소는 전자감시의 감독과 통제의 책임을 진다. 법원은 사회봉사 형벌과의 결합과 관련하여 전자감시를 통한 판결의 집행을 결정한다.

7.7 부가형벌[Accessory penalties]

부가형벌은 다음과 같다.

- 현 직업에 대한 자격상실과 직업수행 자격박탈

- 몰수
- 판결공시

자격상실은 공무담임권, 병역권, 선거권, 피선거권, 공무상 업무수행권, 특정 직업수행권 등과 관련된다.

몰수는 물건 또는 금전의 박탈로 이루어진다. 형사범죄에 의해 얻거나 범죄에 관련된 것이거나, 범죄를 계획하거나 범죄에 의해 발생한 물건은 몰수할 수 있다.

부가형벌이 부과될 가능성은 몇몇 특정범죄에 국한된다.

판결공시는 극히 드물게 부과된다. 몇몇 형사특별법전이 운전면허증 취소(도로교통법) 또는 회사폐쇄(경제범죄법)와 같은 특정 부가형벌을 포함한다. 이러한 특정 부가형벌들은 점점 빈번히 부과되고 있다.

7.8 보안처분

보안처분은 응보가 아니라 개인 또는 재산의 안전과 사회보안의 안전을 증진하는 데에 목적을 두고 있으므로 범죄를 저지른 자의 형사상 책임유무와는 무관하게 부과될 수 있다.

형법전은 보안처분의 범위를 다음과 같이 규정하고 있다.

- 유통차단

경찰 수사단계에서 물건은 압류될 수 있다. 위험하거나 바람직하지 않게 소유하게 된 특정 물건은 압수할 수 있다. 전적으로 또는 상당부분 범죄로 인하여 생긴 물건, 범죄발생과 연관된 물건, 범죄에 사용되거나 범죄를 위해 준비된 물건, 범죄수사를 방해하기 위해 사용된 물건, 범죄를 저지를 목적으로 만들었거나 범죄를 의도한 물건은 압수와 관련이 있다.

만약 법에 위반하거나 공익에 반하는 차원에서 물건을 통제받지 않고 소유한다면, 범죄인이 형사범죄에 대해 유죄판결을 받은 것과 관계없이 유통이 차단된다.

- 불법수익박탈

소위 Strip - them법이라고 불리는 1993년 형법개정 이래 법원은 범죄를 실행하여 얻은 경제적 이익과 같은 액수를 의무적으로 국고에 납부하도록 할 수 있게 되었다.

이 처분은 조직범죄와의 전쟁을 촉진하기 위해 도입되었다. 범죄인에게 몰수형을 부과할 수 있는 범죄로부터 얻어진 이익뿐만 아니라, 다섯째 범주(45,000유로)에 속하는 벌금형을 부과할 수 있는 유사범죄 그리고 그가 범죄를 저질렀다는 충분한 증거가 있는 범죄에도 수익박탈은 가능하다.

법원은 불법적으로 얻은 수익의 순자산가치를 산정해야 한다. 완전한 납부의무를 준수하지 않는 경우 법원은 최고 6년의 대체구금을 명할 수 있다. 일부를 납부하더라도 구금은 줄어들지 않는다.

- 보상금 지급의무

1996년 보상명령법[Compensation Order Act]이 도입되어 법원은 형사상 범죄로 유죄선고를 받은 범죄인에게 범죄피해자로부터 얻은 금액 모두를 국고에 납부하는 의무를 부과할 수 있게 되었다.

국가(국고)는 납부된 금액을 받은 즉시 지체 없이 피해자에게 송금해야 한다.

납부하여야 하는 금액을 완전히 이행하지 않아 의무를 따르지 않는 경우, 법원은 최대 1년의 대체구금를 명할 수 있다.

이 조치는 형사소송절차에서 범죄피해자의 법적 지위를 향상시키기 위해 도입되었다.

- 정신병원 입원명령

만일 피고인이 정신적 결함이나 정신병으로 인해 범죄의 책임을 질 수 없다면 법원은 그에게 형벌을 부과할 수 없다. 그러나 법원은 피고인이 스스로에게도 위험하고, 타인에게도 위험하며, 공중일반 또는 재산에 대해 일반적으로 위험하다고 판단되면 정신병원에 1년 이상 입원시킬 것을 명령할 수 있다. 법원은 피고인을 검증한 최소한 2명 이상의 행태전문가 - 이중 1명은 정신과 의사 - 가 일자를 명기하고 서명한 견해를 제출한 후에만 입원명령을 내릴 수 있다.

- 위탁명령

만일 피고인이 정신적 결함이나 정신병이 있음에도 불구하고 법원이 그에게 책임이 있다고 판단할 경우 법원은 형벌과 함께 위탁명령[Entrustment order]을 부과할 수 있다. 위탁명령은 법정 최고형이 적어도 4년 이상의 구금형이 부과될 수 있는 범죄에 부과되며, 타인과 공중의 안전, 재산의 보호를 위해 필요성이 있을 경우 입원치료를 실시한다. 입원치료는 TBS(terbeschikkingstelling)라 불리는 특별한 사설 내지 국가시설에서 이루어진다. 이 명령은 2년간 지속되나 1년 또는 2년간 연장이 가능하다. 특정 폭력범죄인에 대해서는 타인의 안전이 요구되는 한 가능한 길게 연장할 수 있다. 위탁명령은 정기적인 재심사를 해야 한다.

- 외래환자 병원치료멍령

만약 법원이 위탁명령의 요건은 충족하지만 입원치료는 불필요하다고 판단한다면, 피고인을 외래환자로 치료할 수 있다. 법원은 주요 형벌과 결합하여 보호관찰소의 필요한 도움과 지원을 명하여 그의 행동과 관련된 교육이 가능한 명령을 내릴 수 있다. 역시 구금형이 부과될 때에는 위탁명령은 1년 이상 할 수 없다. 위탁명령에 병과된 교육은 종교적 또는 기타 신념을 표명할 권리를 제한하거나 헌법상의 자유를 제한할 수 없다.

- 약물중독자 구금 및 치료명령

상습 약물중독 범죄자들은 네덜란드 재산범죄의 상당한 부분을 차지하며 주요도시에서 골칫거리이다. 보안을 강화하고 이들을 감소시키기 위해 2001년 이래 법원은 약물중독자 구금 및 치료명령을 부과할 수 있는 권한을 갖게 되었다. 법원은 검사의 요청이 있을 경우 다음의 요건들을 충족하면 폐쇄처우센터[closed treatment center]에 범죄인을 송치할 수 있다.

- 범죄에 대해 판결 전 구금에 처하는 것이 허용될 것;
- 범죄인이 이전에 최소 3회, 5년 이상 자유형 또는 사회봉사를 선고받았을 것;
- 범죄인이 재범할 가능성이 있을 것;
- 범죄인이 약물중독상태이며 범죄를 저질렀거나 중독과 관련한 범죄를 저지를 가능성이 있을 것; 그리고
- 사람 또는 재산의 안전이 위험에 처해 있을 것.

이 명령은 2년간 지속되며 일부분은 폐쇄시설(약 6개월), 일부분은 반개방시설(약 6-7개월), 일부분은 사회 내 자유로운 상태에서 집행된다. 범죄자들은 집중적인 치료와 교육, 취업, 여가시간, 주거, 그리고 재테크 등에 참여하는 상담프로그램을 받는다.

법원은 예컨대 범죄자가 외래환자로 약물중독에 대한 의료조치를 수용하는 것을 조건으로 일정조건하에서는 이 명령을 유예할 수 있다. 보호관찰관은 약물중독자의 재사회화에 전문화하여 범죄인을 감독해야 한다.

7.9 소년범에 대한 제재

1995년에는 1965년에 채택된 소년법과 관련된 비판을 수용하여 대대적인 소년법 개정이 있었다. 1965년 소년형법은 너무 가부장적이어서 증가하는 소년인권의 사회적 분위기를 더 이상 반영하지 못하였다. 더 나아가 소년사범의 법적 지위가 미약했을 뿐 아니라 소년법은 복잡하고 구시대적인 것으로 이해되었다.

1995년 소년법은 단순화되고 구금에 대한 다양한 대체방안 도입 및 청소년 인권의 향상을 고려함으로써 보나 현내화되었다.

경찰과 검찰에서 소년사건을 법원 외에서 처리할 수 있게 된 이래 소년에 의해 저질러진 범죄의 극히 일부만이 소년법원에 회부되었다. 무분별한 파괴[vandalism], 날치기, 절도와 같은 경미한 범죄는 경찰에서 처리될 수 있으며, 그러한 소년범은 20시간 미만의 범죄예방 프로젝트에 참여하게 된다.

검찰은 화해[transaction]를 통해 사건을 처리할 수 있다. 화해로 해결하는 경우에 보호관찰기간동안 6개월 미만의 「청소년 치료 및 보호위원회」가 실시하는 교육을 받아야 하며, 무보수 노동의 수행은 40시간, 3개월 내에 해야 하고, 범죄로 인한 손해배상과 행동요령을 개선하는 교육프로젝트에 참여하며, 마지막으로 2,250 유로 미만의 금액을 국고에 납부해야 한다.

범죄가 너무 중대하여 법원에서 해결해야 할 경우에는 소년법원은 소년구금, 사회봉사 형벌, 벌금을 부과할 수 있다.

구금의 목적은 교정이다. 소년범 구금의 교육적 효과는 주로 제재의 범죄억지의 결과이다. 그럼에도 불구하고 구금기간동안 소년범의 처우가 아니라 교육, 작업, 스포츠와 같은 행동발달에 중점을 둔다.

소년구금의 최단기간은 1일이다. 최장기간은 16세 미만 소년범은 12개월, 16세 이상은 24개월이다. 소년구금은 범죄연관처우를 할 수 있는 특별 소년교정시설에서 의 집행하게 된다.

사회봉사 형벌은 다음과 같이 구성된다.

- 사회봉사명령 또는 범죄로 야기된 피해복구작업은 최대 200 시간;

- 교육명령(교육프로그램에 따르기 위한 교육센터에의 출석) 최대 200시간; 또는
- 사회봉사명령과 교육명령 혼합은 최대 240시간

사회봉사 형벌을 준수하지 않은 대체구금은 최대 4개월이다.

많은 소년범들에게 벌금이 처해지는데 부모가 납부하지 못하도록 하여 효과적인 제재수단이 되고 있다. 벌금은 최소 2유로에서 최대 2,250유로로서 분할납부가 가능하다. 벌금총액은 2년 내 납부하여야 한다. 벌금 전체를 납부하지도 피해를 회복할 수도 없는 경우, 법원은 3개월의 벌금미납구금이나 사회봉사 형벌을 명할 수 있다.

7.10 군인에 대한 특별제재

형법 기타 법률은 공무원이나 특별그룹을 위한 특별제재를 규정하지 않고 있다. 1991년 1월 1일에 개정된 군형법은 형법전에 규정된 것과 유사한 제재를 포함하고 있다. 군인에 대한 구금은 일반적인 교정시설과 체제가 다른 군교정시설에서 집행된다.

7.11 소년범에 대한 보안처분

소년법원은 다음 네 가지 처분을 부과할 수 있다.

- 소년시설에의 위탁
- 유통차단
- 불법수익박탈
- 피해배상

뒤의 세 가지 보안처분은 성인형법에 적용되는 규정대로 동일하게 적용된다.

소년에 대한 구금시설 회부는 매우 극단적인 보안처분이며, 매우 심각한 범죄를 저질러 재판 전 구금이 허용된 경우, 타인 내지 일반의 안전 또는 재산보호를 위해 조치가 필요한 경우, 처분이 범죄자의 장래발전에 이득이 될 경우만 부과할 수 있다.

처분의 주요목적은 사회보호 외에, 주요 객관적 조치는 청소년에 대한 교육과 상당한 필요가 있는 경우에 원조를 제공하는 것이다.

이러한 처분은 미리 기간을 정하지 않지만 문제된 소년에게 요구되는 입소교육의 등급에 따라 결정된다. 때문에 소년법원은 서로 다른 영역의 훈육담당자로 이루어진 최소한 2명 이상의 행동과학자의 이유, 일자, 의견을 표명하여 서명한 경우에만 이 처분을 내릴 수 있다. 만약 범행시점에 소년범이 정신적 결함이나 정신병을 앓고 있었다면 이 중 한 명의 전문가는 반드시 정신과 의사여야 한다.

원칙적으로 처분은 2년간 진행된다. 「소년치료 및 보호위원회」의 협의결과에 따라 법무부장관은 처분을 도중에 종료할 수 있다. 처분은 소년법원에서 연장될 수도 있으며, 검찰의 요청으로 2년간 연장될 수도 있다. 기간연장은 폭력범죄와 성범죄를 저질러 보안처분이 부과되었던 경우에만 가능하다. 소년범이 범행시점에 정신적 결함이나 정신병으로 고통을 겪고 있었을 때에만 2년 더 보안처분의 기간연장이 가능하다. 사회보호와 발달이라는 기준은 기간연장 전에 다시 한 번 검토되어야할 요건이다. 이것은 소년범이 17세 때 받은 처분을 최대 23세까지 받아 구금될 수 있다는 것을 의미한다. 시설에서 구금을 연장하는 보안처분은 3인의 판사로 구성된 지방법원 합의부의 청문을 거친다.

- 대체처분제도[Halt - Project]

네덜란드는 유럽대륙의 여러 국가 중 소년경찰 다이버전을 활발하게 시행하고 있는 나라에 해당한다. 네덜란드에서 시행하고 있는 소년경찰 다이버전 처우 중 대표적인 처우로는 대체처분제도[Halt - Project]를 들 수 있다. 대체처분제도란 경미한 범죄를 범힌 소년을 검찰에 송치하는 대신 대체사무소[Halt - Buro]로 보내 여기에서 사회봉사나 피해자에 대한 피해배상을 할 수 있는 기회를 부여하여 선도조치를 받게 함으로써 형사절차를 종결하는 제도를 말한다. 대체처분은 1981년에 처음으로 로테르담에서 도입하였다. 대체처분제도를 도입한 배경에는 반발심이 강하고 폭력파손행위를 자주 행하는 비행소년의 경우에는 신속하고 확실하게 교육처우를 실시하는 편이 효과적이라는 형사정책학자들의 견해를 수용한 결과이다. 대체처분사무소에서는 대체처분사건의 손해배상을 주선하고 대체처분을 받은 소년을 대상으로 상담치료를 제공한다. 1980년대 중반에는 소년비행과 소년범죄가 증가하여 이에 대한 대책으로 지역사회가 참여하는 범죄예방 전략을 채택하게 되었다. 이러한 맥락에서 대체처분제도를 강화하게 된다. 대체처분제도의 법적근거는 소년형법과 형법이다. 소년형법(제77조e)에서는 경미한 범죄를 범한 소년을 대체처분사무소나 사회기관에 위탁 가능하도록 규정하고 있다. 또한 형법은 검사의 기소편의주의를 토대로 검사에게 조건부 기소유예권을 행사할 수 있는 재량권을 인정하고 있다(형법 제74조 제1항). 검찰규칙과 검찰훈령(형법 제77e조)에서 대체처분결정을 경찰에 위임할 수 있도록 규정하고 있다. 검찰규칙에 의해 대체처분을 허용하는 범죄로는 공공기물에 대한 집단폭력 행사, 공공도로 파손행위, 공공도로 방화로 규정하고 있다. 대체처분 대상자는 원칙적으로 12세 이상, 18세 이하에 해당하는 초범소년이다. 대체처분 형태로는 근로활동, 기타 과제부여, 손해배상, 교육처우가 있으며 이들 중 병과가 가능하다. 대체처분은 20시간을 초과하지 못한다(형법 제77e조 제4항). 경찰의 제안으로 대체처분을 개시하며 이 제안에 대한 동의여부를 소년이 결정할 수 있다. 소년이 동의하면 경찰은 조서를 작성하여 소년을 대체처분사무소에 위탁한다. 대체처분사무소는 소년 및 소년의 부모를 상대로 범행의 유형과 배경, 범행이 피해자에게 미친 영향, 원상회복방안에 대한 면담을 실시하고 속죄방안을 숙고할 수 있는 시간을 준다. 대체처분사무소는 소년이 숙고한 속죄방안을 놓고 면담한 다음 구체적으로 대체처분을 부과한다. 대체처분절차는 대체처분사무소마다 재량권이 부여되어 있다. 대체처분사무소는 지방자치단체가 운영하며 운영재정의 일부를 국가에서 지원을 받는다. 소년이 대체처분을 마치면 검찰의 소추권은 소멸한다(형법 제77e조 제5항). 그러나 대체처분사무소 단계에서 소년 또는 소년의 부모가 대체처분에 동의하지 않거나, 대체처분을 마치지 못한 경우, 대체처분기간 중 소년이 또 다른 범죄를 범할 경우 검찰에 송치하여 형사절차가 진행된다.

7.12 집행유예

네덜란드 집행유예는 벨기에-프랑스의 "sursis(집행유예)"와 앵글로-색슨 보호관찰의 혼합 형태이다. 집행유예는 선고된 형을

(또는 부분적으로) 집행하지 않는다는 의미이다. 1915년 도입 이래 집행유예의 규정은 여러 차례 급격히 개정되었다. 특히 1986년의 개정은 집행유예의 적용영역을 실질적으로 확대시켰다.

1986년 개정은 '대안형사제재위원회'의 1983년 보고서에서 영감을 얻은 것으로, 교도소 수용능력의 압박을 줄이려는 필요성에 강한 영향을 받았다. 동시에 실무에서 오랫동안 인식하고 있었던, 유예된 형의 일부 취소를 가능하게 하려는 필요성에 화답하는 것이었다.

1987년 법개정 이후 사회봉사 형벌을 제외한 모든 주요 형벌에 집행유예가 가능하게 되었다. 1년까지의 징역형, 구금, 벌금은 모두 전적으로 또는 부분적으로 유예가 가능하다. 1년 이상 3년 이하 사이의 자유형은 선고된 형의 3분의 1이 지나면 유예가 가능하나 3년을 넘는 자유형은 유예될 수 없다. 집행유예는 모든 범죄와 구금, 벌금, 3년까지의 징역형을 선고함에 있어 가능하다. 부가 형벌들도 마찬가지로 유예될 수 있다.

7.13 일부 유예

법원은 선고한 형의 일부만을 유예할 수 있다. 형의 선고는 다양한 주요 형벌들이 결합하여 구성될 수 있기 때문에, 사회봉사 또는 벌금과 결합하여 부분적으로 자유형을 유예할 수 있다.

- 조건들

집행유예는 유죄판결을 받은 자가 보호관찰 기간에 다른 범죄를 저지르지 않을 것을 항상 일반적인 조건으로 한다. 법원은 선고시에 보호관찰기간을 결정한다. 보호관찰의 기간은 길어야 3년이지만 대개 2년이거나 2년 미만이다.

법원은 일반적인 조건과 함께 다음과 같은 하나 이상의 특별조건을 부과할 수 있다.

- 범죄로 야기된 피해의 전부 또는 일부 배상;
- 보호관찰기간 중 치료요양기관에의 입원;
- 보석 보증금(법률상 정해진 벌금과 동일 금액); 그리고
- 법률상 정해진 벌금 한도 내에서 범죄피해자의 보호에 목적을 둔 범죄피해보상기금 내지 기타 기관에 특정 금액 기부

특별조건은 개인의 종교나 신념, 시민으로서 자유권의 실행을 제한할 수 없다.

집행유예는 매우 광범위하게 적용된다.

- 조건준수에 대한 통제

집행유예의 유효성과 신뢰성은 집행유예에 부가된 조건을 얼마나 잘 따르고 있는지 관리하는 것에 전적으로 달려 있다. 검찰은 법원이 유죄판결과 함께 부과된 명령을 범죄인이 도움과 지원을

받아 이를 충실히 이행하는지 관리하여야 한다. 보호관찰소는 단계별 보고서를 통해 집행유예의 진행과정에 따라 검찰과 법원에 정보를 제공한다.(보호관찰규칙 제12조)

강제적인 임무가 적절한 사회사업의 역할과 상충한다는 인식이 증가하게 된 보호관찰소의 압력의 결과에 의해 강제적인 보호관찰감독은 1973년에 폐지되었다. 보호관찰소에 의한 감독이 폐지되어 특별조건의 효과에 대한 사법부의 확신은 추락하였고, 집행유예를 선고할 때 부과하던 특별행동조건은 점차 줄어들었다.

– 취소

집행유예선고에 부과한 조건을 이행하지 않으면 법원은 검사의 요구에 의해 집행유예를 취소할 수 있다. 법원은 집행유예 선고를 일부 취소하거나, 보호관찰기간을 늘리거나, 집행유예선고와 같이 부과했던 조건을 추가하거나 바꿀 수 있다.

집행유예 선고가 전부 또는 일부 취소되면 사회봉사 형벌이행으로 대체명령을 내릴 수 있다.

참고

우리의 각종 유예제도는 형법 제3장 제3절과 제4절에 규정되어 있다.

형의 선고유예란 정상을 참작할 만한 경미한 범죄를 범한 자에게 형의 선고를 유예하고 그 유예기간동안 법이 요구하는 사항을 준수하여 사고 없이 경과한 때에는 형의 선고를 면하게 해 주는 제도(면소의 효과)를 말한다. 이러한 선고유예는 경미한 범죄자에게 형벌을 부과하지 않아 형벌로 인한 부작용을 없애면서 사회복귀를 용이하게 하려는 개별예방적 목적을 달성하기 위한 것이다.

선고유예가 실효된 경우 유예된 형을 선고할 수 있기 때문에 형의 선고를 유예하는 경우에도 유예된 형의 종류와 양은 정해 놓아야 한다. 선고유예시 법원은 재범방지를 위하여 피고인에게 1년의 기간 동안 보호관찰을 받을 것을 명할 수 있으며, 이 경우 보호관찰은 법무부장관 산하의 보호관찰소가 실시하며, 보호관찰소에는 보호관찰관과 보호선도위원이 업무를 수행한다(제59조의2). 집행유예와 달리 선고유예의 조건으로 사회봉사명령, 수강명령을 부과할 수는 없다.

형의 선고유예를 받은 날로부터 2년을 경과한 때에는 면소된 것으로 간주한다. 즉, 면소판결을 받은 것과 똑같은 효력이 생긴다(제60조). 그러나, 형의 선고유예를 받은 자가 유예기간 중 자격정지 이상의 형에 처한 판결이 확정되거나 자격정지 이상의 형에 처한 전과가 발견된 때에는 유예한 형을 선고한다(제61조 제1항). 아울러 보호관찰을 명하는 선고유예를 받은 자의 경우에는 보호관찰 기간 중에 준수사항을 위반하고 그 정도가 무거운 때에도 유예한 형을 선고한다(제61조 제2항).

형의 집행유예란 유죄를 인정하여 형을 선고하면서 일정기간 동안 형의 집행을 유예하고 별일 없이 유예기간을 경과하면 형선고의 효력을 잃게 하는 제도를 말한다. 집행유예 제도 역시 선고유예와 마찬가지로 단기자유형의 폐해를 방지하고 형집행 없이 피고인의 사회복귀를 돕기 위한 제도이다.

집행유예의 기간은 1년 이상 5년 이하의 범위 내에서 법원이 재량으로 결정한다. 아울러 형의 집행을 유예할 경우, 법원은 피고인에게 보호관찰이나 사회봉사, 수강명령을 명할 수 있다(제62조의2 제1항). 보호관찰의 기간은 원칙적으로 집행유예 기간으로 하지만, 법원은 유예기간의 범위 내에서 동 기간을 별도로 정할 수도 있다(동조 제2항).

사회봉사명령이란 지정된 곳에서 일정한 시간 동안 보수 없이 일하게 하는 사회내 처우의 일종이다. 이러한 명령은 집행유예 기간 동안에 집행한다.

(대법원 2008.4.11. 2007도8373) 재벌그룹 회장의 횡령행위 등에 대하여 집행유예를 선고하면서 사회봉사명령으로서 일정액의 금전출연을 주된 내용으로 하는 사회공헌계획의 성실한 이행을 명하는 것은 시간 단위로 부과될 수 있는 일 또는 근로활동이 아닌 것을 명하는 것이어서 허용될 수 없고, 준법경영을 주제로 하는 강연과 기고를 명하는 것은 헌법상 양심의 자유 등에 대한 심각하고 중대한 침해가능성, 사회봉사명령의 의미나 내용에 대한 다툼의 여지 등의 문제가 있어 허용될 수 없다.

수강명령이란 지정된 곳에서 일정 시간 동안 교육을 받게 하는 제도이다. 수강명령도 집행유예의 기간 동안에 집행한다.

집행유예의 기간은 1년 이상 5년 이하의 범위 내에서 법원이 재량으로 결정한다. 아울러 형의 집행을 유예할 경우, 법원은 피고인에게 보호관찰이나 사회봉사, 수강명령을 명할 수 있다(제62조의2 제1항). 보호관찰의 기간은 원칙적으로 집행유예 기간으로 하지만, 법원은 유예기간의 범위 내에서 동 기간을 별도로 정할 수도 있다(동조 제2항).

사회봉사명령이란 지정된 곳에서 일정한 시간 동안 보수 없이 일하게 하는 사회내 처우의 일종이다. 이러한 명령은 집행유예 기간 동안에 집행한다.

형의 면제는, 범죄는 성립하였으나 일정한 사유로 형벌을 과하지 않는 경우를 말한다. 따라서 형의 면제사유는 가벌요건이라고도 한다. 형의 면제는 재판확정 전의 사유로 인하여 형을 면제하는 것이라는 점에서 재판확정 후의 사유로 형을 면제하는 형 집행의 면제와 구별된다. 형사소송법상 형의 면제판결은 유죄판결의 일종으로 취급된다(형소법 제322조, 제323조 제2항).

7-1 심화 : 네덜란드의 TBS시설 위탁처분

7-1.1 역사 개요

상습누범처럼 위험한 범죄인에 대한 범죄학적 원인은 아직 사실적으로 명확하지 않지만 이러한 범죄인그룹이 존재한다는 데에는 이견이 없으며 이에 대처하는 방식은 각 나라의 사정에 따라 다양하고 각국의 형사법체제의 뜨거운 감자이다. 네덜란드는 이러한 위험한 범죄인그룹에 TBS시설 위탁처분이라는 과학적이면서도 독특한 제도를 운영하고 있으며 이에 대해 좀 더 알아볼 필요가 있다.

고전학파의 영향을 받아 형성된 1881년 네덜란드형법은 귀책능력이 없는 행위자를 치료원호시설에 수용하는 단 하나의 보안처분만을 규정하고 있었다. 따라서 귀책능력이 감경된 자(한정책임능력자)에게는 대부분 낮은 감옥(자유)형을 부과하였고 이와 결합하여 규정된 귀책무능력자에 대한 단 하나의 보안처분으로는 사회를 효과적으로 보호할 수 없다는 사실을 사람들은 곧바로 인식하였다. 그 당시 네덜란드 형법학계에서 신파의 목소리가 점점 더 높아갔음에도 불구하고 "정신질환자법률[Psychopaths Acts]"을 통해 보안처분이 확대되기까지는 1911년 제1차 법률초안이후 1928년까지 기다려야 했다.

보안감호는 1929년 제43조에 도입되었다. 제43조에 의해 형식적으로는 이전에 최소한 각각 6개월 이상 3회, 모두 합쳐 8년의 감옥형을 선고받았던 자가 최소한 1년의 감옥형을 선고받으면 감호처분을 내렸다. 또한 동기행위가 2년의 감옥형인 경우 6년의 전과 그리고 동기행위가 3년의 감옥형인 경우 4년의 전과가 있을 것을 요건으로 하고 있었다.[11] 실체적 요건으로는, 법관이 장래의 범죄를 예방하기 위해 보안감호가 필요하고 주어진 상황을 고려하여 정당화된다고 여기면 충분했다. 감옥형과 연결된 보안감호기간은 5년 이상 10년 이하로 정해져 있었다.

그러나 보안감호에 관한 규정들은 한 번도 효력을 발생한 적이 없었다. 그 이유는 한편으로는 보안감호가 작은 범죄의 상습범에게 너무 가혹하다고 생각하였고 다른 측면에서는 위험한 범죄인에 대해서는 TBR이 더 적절한 제재라고 생각했기 때문이라고 한다.

7-1.2 TBR 제도

TBS제도 이전의 "terbeschikkingstelling van de Regering"(약칭 TBR이라 함)이다. TBR은 범행시 인격발달장애나 정신활동의 병적 장애가 있었으나 책임이 탈락하지 않고 행위자에게 결과가 귀속될 수 있었던 경우를 규율하였다. 이러한 범죄인 그룹에 대해서는 공공질서유지의 견지에서 필요할 때 법관의 결정으로 형벌을 선고하면서 통상 제한 없는 연장가능성을 두고 최소 2년 행정청에 처분을 위임하였다. 이때 집행의 순서는 정해져 있지 않았지만 통상 형벌이 먼저 집행되었다.

11 V. D. Landen, *"Straf en maatregel, Een onderzoek naar het onderscheid tussen straf en maatregel in het strafrecht."* Arnhem, 1992, S. 266.

TBR은 시행초기 상당히 높은 적용율을 보이다가 1933년 법률에 의해 예컨대 재산범의 경우 3회 이상의 누범에게 적용되는 등 제한적으로 적용되었다. 위 법률이 폐지된 후 1947년부터 TBR수용자는 급격히 증가하였고 적절한 수용시설부족으로 수용자들은 조기에 석방되었다. 동시에 누범자가 증가하면서 위 처분의 효과를 믿지 못하게 되어 법원은 점점 장기의 자유형선고에 의존하는 경향을 보이게 되었다.[12] 그리하여 1960년부터는 TBR부과자 수가 100명에서 150명 사이로 줄었고 1978년에는 최저 68명이었다. 1980년에는 전체수용자가 400명 이하로 줄어들었다.

에머릭은 1970년대 말에서 1980년대초 사이 TBR수용자들을 연구한 두 권의 연구서를 발표하였다. 그의 첫 번째 저서는 1974년 7월 1일에서 1979년 6월 30일 사이 589명의 수용자를 대상으로 하였다.[13] 또한 두 번째 저서에서는 1979년 1월 1일부터 1983년 12월 31일 사이에 TBR집행에서 석방된 436명을 연구하였다.[14]

그에 의하면 TBR수용자 대다수는 폭력 또는 성범죄인 이었다. 첫 번째 조사에서는 83%가 1989년 발표된 두 번째 조사에서는

---

12 Sagel-Grande, *"Die Maßregeln der Besserung und Sicherung im strafrechtlichen Rechtsfolgensystem der Niederlande"*, ZStW 103(1991), S. 736.

13 v. Emmerik, *"Recidivism among psychiatric offenders"*, Hague, 1985, S. 2.

14 v. Emmerik, *"Tbs en recidive. Een vervolgstudie naar de recidive van ter beschikking gestelden van wie de maatregel is beendigt in de periode 1979-1983"*, Arnhem, 1989, S. 1.

73%가 폭력 또는 성범죄인 이었다.[15] 그 후 통계에 의하면 TBR수용자의 1983년 99%, 1985년 95%, 1987년 93%가 폭력 또는 성범죄인 이었다. 다시 말해 네덜란드에도 폭력을 수반한 범죄를 동기로 하지 않는 경우에도 보안처분을 받은 경우가 있었지만 그 수는 매우 적었다는 것을 알 수 있다. 또한 TBR수용자 중 대략 1/5정도는 초범이었고 40%-50%정도는 최소한 5회의 전과가 있었다. 놀라운 사실은 80%는 보안처분과 함께 선고된 자유형이 1년을 넘지 않았다는 것이다.[16] TBR부과시 평균연령은 26세에 불과했다.[17]

1974년에서 1979년 사이 처분이전에 집행된 형벌을 제외하고 시설내 집행기간은 평균 40개월로 알려져 있다.[18] 또한 1979년에서 1983년 사이 석방자들을 대상으로 조사한 바에 의하면, 형벌집행기간을 포함하여 시설내 집행기간은 평균 62개월이었다. 눈길을 끄는 것은 성범죄인의 집행기간은 96개월이었다는 점이다.[19] 최소한 2년 6월 이상의 비교적 장기수형자의 경우에는 TBR시설내 집행기간이 자유형의 두 배에 달했다.[20]

---

15 v. Emmerik, 1985, S. 2 f.; v. Emmerik, 1989, S. 2.

16 v. Emmerik, 1989, S. 2 f.

17 v. Emmerik, 1989, S. 3; Barth, "Bist du gefährlich?, Der Spiegel, Heft 42(1995), S. 137.

18 v. Emmerik, 1985, S. 3 f.

19 v. Emmerik, 1989, S. 3.

20 v. Emmerik, 1985, S. 7.

7-1.3 TBS제도와 집행

- 형벌과의 관계

네덜란드는 1988년 보안처분법을 개정하였다. 네덜란드는 위험한 상습누범으로부터 사회를 보호하기 위해 여전히 두 종류의 상이한 법제도를 취하고 있다.

네덜란드형법은 보안감호의 기능중 일부분을 양형시 가중처벌의 가능성을 둠으로써 충족시키고 있다. 네덜란드형법은 책임원칙에 근거하고 있긴 하지만 여기서 책임은 독일형법처럼 형벌의 상한선에 대해 제한기능을 가지고 있지 않다. 따라서 판사는 양형의 영역내에서 행위자의 위험성을 고려할 수 있다. 예컨대 네덜란드형법학에서 자주 언급되고 논란이 되는 "흑기사[Schwarzer Reiter]"판례에서 네덜란드 최고법원은 책임의 양을 초과해서 처벌하는 것을 금지하는 원칙이 네덜란드법에는 존재하지 않는다고 천명하였다. 이에 따라 네덜란드최고법원은 장기의 자유형은 보안처분집행보다 사회를 좀더 효과적으로 보호할 수 있다는 논거로 귀책능력이 감경된 범죄인에 대해 15년의 자유형과 함께 보안처분을 선고하였다. 따라서 네덜란드에는 형벌과 보안처분의 구분이 희미하며 하프만은 이러한 상황을 "눈에는 두 개의 눈, 이에는 두 개의 이[Auge um zwei Augen, Zahn um zwei Zähne]"라고 빗대어

말하기도 하였다.[21] 통계적으로 전체 자유형 수형자 중 3년 이상의 비교적 장기의 수형자는 1986년 2.0%에서 1994년 3.2%로 증가하였다.

추정되는 위험성을 이유로 한 장기화된 자유형과 이에 더해 보안처분 부과가능성이 중첩하여 경합하는 체계에 대한 학설상의 비판들이 당연히 제기된다. 먼저 범죄와 형벌 사이 균형성의 원칙에 위배된다는 비판이 제기된다.[22] 또한 형벌을 임의적으로 연장함으로써 형벌과 보안처분을 구분하는 원칙이 실용적인 사고에 의해 희생된다는 비난을 받는다.[23] 법원이 특별예방적 기능을 포함한 형벌을 선고하는 진정한 이유는, 사법기관이 보기에 TBR/TBS시설에의 집행으로는 사회를 보호하기에 충분치 못하다고 생각하기 때문이다. 그들의 눈에는 치료불가능한 범죄인들의 경우에 오직 장기의 자유형만을 통해 사회를 보호할 수 있다고 비춰지는 것이다.[24] 양형시 고려하는 위험성의 의미에도 불구하고 네덜란드형법전은 양형을 구성하는 일반적인 누범규정을 가지고 있지 않다. 누범규정은 그저 특정한 범죄들 또는 범죄인그룹

---

21 Sagel-Grande, 앞의 논문, S. 738.

22 Haffmans, *"De berechting van de psychisch gestoorde delinquent"*, 1989, S. 102.

23 V. D. Landen, *"Straf en maatregel, Een onderzoek naar het onderscheid tussen straf en maatregel in het strafrecht."* Arnhem, 1992, S. 492.

24 Haffmans, 앞의 논문, S. 101.

을 규정하고 있을 뿐이다. 이를 통해 네덜란드 법관들은 형사제재의 선택과 양형에 있어서 매우 큰 자유를 누리고 있는데 이는 동시에 법의 불명확성과 불평등성의 위험을 동시에 내포하고 있는 것이다.[25]

- TBS제도의 법규정과 집행

기존의 TBR제도는 1988년 보안감호기능의 일부분을 담당하는 새로운 형태의 TBS(terbeschikkingstelling)로 대체되었다. TBS제도는 두 가지 형태로 존재하는데 국가원호에 의한 위탁(제37조a 이하)과 국가원호 외의 위탁(제38조 이하)이다. 법률개정의 목적은 동기행위의 요건을 강화하여 보안처분의 적용범위를 줄이는 데에 있으며 보안처분의 기간을 줄이고 전체적으로 정교화하는 데에 있다. 나아가 피처분자의 권리를 확대하였다.

국가원호에 의한 위탁(제37조a 이하)은 피의자가 범행시 인격발달장애나 정신활동의 병적 장애가 있고, 행한 범행이 법률상 최소한 4년의 자유형을 규정하고 있거나 법률에 열거된 범죄를 저질렀을 때, 그리고 타인의 안전이나 사람 또는 재산에 대한 일반적인 보안의 필요성이 있을 때 보안처분의 부과를 요구할 것을 요건으로 하

25 Sagel-Grande, "*Die Freiheitsstrafe und ihre Surrogate in den Niederlanden*", in: Jescheck, "*Die Freiheitsstrafe und ihre Surrogate im deutschen und ausländischen Recht*", 1983, S. 414.

고 있다. 이로써 네덜란드 입법자는 더 이상 모든 범죄에 자유박탈적 보안처분의 적용이 허락되지 않는다는 입장을 취하였다.

네덜란드형법은 형식적 측면에서 범죄인의 전과를 요건으로 하지 않는다. 따라서 초범에게도 제37조a에 의한 보안처분을 선고할 수 있다. 만약 행위자가 전과가 있다면 물론 법관은 제37조a 제3호에 의해 위탁처분을 내릴 때 이전에 행한 범죄의 횟수[Vielfältigkeit]를 고려해야 한다. 위탁처분은 심리장애범죄인에 해당하는 것이므로 제37조a는 범행시 행위자의 정신능력이 발달장애상태였거나 병적 장애가 있었을 것을 요구한다. 이 때 정신병이 이미 행한 범죄에 대해 인과적일 필요는 없다. 통상 귀속능력이 감경된 경우라고 할 수 있다.

더 나아가 제37조a 제1항 제3호는 국가원호에 의한 위탁은 타인의 안전 또는 사람이나 재산의 일반적 안전을 보안처분 부과시 요건으로 규정하고 있다. 이에 반해 범죄에 대한 특정한 성향은 필요치 않다. "사람이나 재산의 일반적 안전"이라는 표현은 구법 "공공질서의 중요성"이라는 표현을 대체한 것이다. 이 개정의 배경은, 공공질서를 위협할 수 있는 많은 범죄가 존재하나 그럼에도 불구하고 정신장애인이 그 범죄를 저지를 때 그 주변에 전혀 위험하지 않는 많은 범죄가 존재한다는 데에 있다. 역시 여기에는 TBS 부과를 제한하는 데에 기여하려는 입법자의 노력이 반영되어 있다. 이러한 기대에 맞추어 행위자의 위험성 판단시 동기행위의 중대성과 함께 범죄인의 전과기록에 중점을 두고 있다.

이와 더불어 제37조a는 보안처분 부과시에 행위자의 인격을 고려하도록 의무화하고 있다. 제37조b 제2호는 심리학자를 포함하여 서로 다른 전문분야의 최소한 두 명의 행태학자[behavioural experts, gedragsdeskundige]들이 행위자를 조사한 후에 국가원호에 의한 위탁을 부과할 수 있다고 규정하고 있다. 이 감정서는 법관의 판결을 구속하지는 않는다. 행태학자들은 행위자의 정신상태와 위험성에 대한 평가를 제출한다. 놀랍게도 네덜란드 형법학에서 범죄예측문제는 그리 중요하게 다루어지지 않는다고 한다.

1988년 형법개정에서 입법자는 형벌과 TBS의 관계를 새로이 규율하였다. 법관은 제37조a 제2호에 따라 TBS를 부과함과 더불어 형벌을 면제할 수 있다. 여기서 네덜란드법관은 책임원칙에 구속되지 않는다는 것을 보여주기도 한다. 그러나 학설에서는, 형벌은 우선적인 법적 제재이며 심리학적으로 건강한 범죄인과 장애가 있는 범죄인을 구분하는 것이 어렵다는 이유를 논거로 형벌과 보안처분의 중복집행을 인정한다. 실무는 TBS와 더불어 선고되는 자유형 중 소수의 사례만이 1년 이상의 자유형에 해당한다며 형벌과 보안처분의 중복집행의 부담을 완화하고 있다. 형사소송법 제561조에 의해 TBS는 통상 자유형집행 후에 집행된다.

네덜란드 보안처분법의 오래된 특징은 보안처분부과를 특정한 기간으로 제한하고 있는 점이다. 이는 피처분자의 자유권을 강조한 측면뿐만 아니라 상대적으로 짧은 수용기간을 유지하는 데에도 기여하였다. 따라서 보안처분의 연장에 대한 심리적 부담이 보안처분이 무기한이며 종료가 법원의 별도의 결정을 요구하는 다른 나라보다 크다. 이러한 특징에도 불구하고 입법자의 주관심사는 무엇보다도 작은 범죄들의 경우에 TBS집행기간을 더욱 제한하려는 데에 있었다. 그러나 이와 더불어 피처분자 입장에서는 실제 자신의 집행기간 그리고 보통 선고된 자유형 대신 내려지는 TBS기간이 현저하게 높아질 수 있다는 가능성이 있어 매우 불확실하다는 점을 불편하게 생각하고 있다.

따라서 입법자는 제38조d 제1호의 국가원호로 인한 무조건적 위탁의 경우 보안처분기간을 근본적으로 제한하였다. TBS처분은 이전처럼 우선 2년간 부과된다. 제38조d 제2호에 의해 검사의 신청으로 법관에 의해 1년 또는 2년, 최대 4년까지 연장이 가능하다. 그 외의 연장은 오직 제38조e에 요건들이 규정되어 있다. 즉, 위탁이 첫째, 1인 또는 수인의 신체의 완전성을 침해하거나 위험을 야기한 중범죄나 경범죄에 의해 부과되었으며 둘째, 타인의 안전 또는 일반인의 안전을 위해 연장을 필요로 할 때이다. 입법자는 보안처분은 행위자의 위험성을 제거할 때까지 집행되어야한다는 일반적 한계의 모순을 법치국가적 원리를 근거삼아 결론을 도출하였다. 위탁에 있어서 절대적 부정기는 포기된 것이다.

위탁의 연장절차는 형사소송법 제509조의o 이하에서 규정하고 있으며 피처분자에게 강한 법적 지위를 부여하고 있다. 피처분자는 청문권, 변호인선임권, 증인과 감정인 소환권, 기록열람권에 대한 근본적인 권리, 항고권 등을 행사할 수 있다. 또한 처분의 연장 때마다 새로운 정신과의사의 감정서를 작성해야 한다.

검찰은 매 6년마다 외부감정인에게 감정서를 의뢰해야한다. 흥미로운 것은 법원의 결정 중 감정인의 조언에 반하여 석방을 명하는 결정이 꾸준히 늘어나는 것으로 파악된다. 1974년에서 1979년 사이 이러한 결정의 비율은 14%에서 37%까지 증가하였으며[26] 1983년까지는 50%[27], 그 후 수년동안 무려 70%까지 증가하였다.[28] 이러한 현상으로부터 추측할 수 있는 것은, 실무에서 보안처분집행이 점점 자유형이 변형된 것처럼 되어가고 있다고 볼 수도 있겠다. 왜냐하면 보안처분집행기간은 치료에 대한 고려나 감정서에 의한 위험성예측보다는 자유형이 부과되었을 가상의 기간에 방향이 설정되어있다고 할 수 있기 때문이다. 이를 이유로 사회보호가 제대로 이루어지지 않았는지는 불투명하다. 또한 감정인들이 행위자의 위험성을 많은 경우에 과대평가하여 아마도 기간의 절대적 상한선을 도입해야 했다는 추측도 가능하다.

네덜란드형법에는 비례성의 원칙을 명시적으로 규정하지 않았

26 v. Emmerik, 1985, S. 4.

27 v. Emmerik, 1989, S. 13.

28 Sagel-Grande, 1991, S. 755.

다. 이는 보안처분의 기간에 대한 위의 규정이 바로 비례성원칙의 표현에 해당하기 때문이며 제37조a 제3호의 행위의 중대성과 행위자의 전과에 의존하여 행위자의 인격에 대한 감정인의 감정서를 고려한 위탁은 비례성원칙의 산물로 간주되고 있다.[29]

보안처분이 부과될 환자는 치료시설에 수용되기 전에 먼저 우트레히트에 있는 F. S. Meijers연구소에서 1952년부터 실시해 온 상세한 의료검사를 받는다. 이때 보안처분을 받는 자의 필요에 따라 어떠한 시설이 가장 적합한지를 확정한다. 여기서 기준이 되는 요소들은 인격장애, 이미 행해진 범행의 종류, 행위자의 도주의 위험성과 일반인에 대한 위험성, 필요한 치료 등인데 마지막 기준이 고려사항의 대부분을 차지할만큼 중요하다. 네덜란드의 보안처분집행에 있어서 사설시설과 국가시설 중에 제37조d 제2호에 따라 사설시설이 우선한다.

치료에 있어서 기준이 되는 것은 피보안처분자에게 점차적으로 자유를 허용할 수 있을 것인가이다. 법률에 규정된 휴가와 조건부 석방은 사회로 복귀하는 단계들이다. 치료방법들로써 들 수 있는 것은 다양한 형태의 심리치료, 약물치료 그리고 물리치료 등 좁은 의미에서의 정신과치료들과 사회치료학적으로 구성된 생활환경 시설 안에서의 사회치료 그리고 비언어치료, 창의력과 표현력치료, 운동치료 등의 방법이 동원된다. 환자들은 주거공동체내에서

29 Sagel-Grande, 1991, S. 742.

일상적으로 생활하지만 예외적으로 보안과 치료의 사유로 대개는 기간이 한정되어 개인적인 치료를 필요로 하는 경우가 있다. 유의할 점은 법률에 규정된 휴가는(제38조의g) 조건부석방과 규칙적으로 연결되어 있다는 점이다.

위탁의 집행에 대한 이 밖의 개별적인 문제들은 집행적용규칙에 규정되어 있다. 예를 들어 휴가의 허가에 관한 결정준비에 관한 사항, 보호관찰을 위한 휴가의 동행 그리고 허가받지 않은 시설부재(이탈)의 효과, 결정된 연장의 이행절차 또는 보안처분의 종료, 사적 원호시설이 인원을 수용할 수 있기 위해 주의해야할 규정들, 적용을 충족시키기 위한 보호관찰의 임무규정들 등의 내용을 담고 있다. 법률적인 여러 제한들에도 불구하고 연도별 TBS 시설 부과건수는 이전의 TBR과 비교하여 감소하지 않았다. 오히려 전체적으로 TBS시설의 수용자는 증가하였다. 특히 1993년과 1994년에는 TBS시설 수용은 약 200여 건 정도로 대폭 증가하였다고 알려진다. 결국 새로운 법률을 통해 이러한 보안처분을 줄여보고자 하는 기대는 빗나갔다.

TBS시설 수용자 중 폭력성의 동기행위로 인해 수용된 범죄인의 비율은 그사이 90%를 상회하는 수준으로 증가하였다. 단순재산범죄에 대해서는 일반적으로 더 이상 TBS가 부과되지 않는다.

TBS시설 수용자의 평균연령은 1990년 32세로 젊은 편이었다.[30] TBS시설 수용자 중 정신병자의 비율은 1978년 3%에서 1990년 27% 증가한 반면 인격장애로 인한 범죄인의 비율은 같은 기간동안 75%에서 60%로 감소하였다.[31] 수용자 중 25%는 외국인 출신이며 그중 반절은 수리남이나 서인도제도출신이었다.[32]

법무부의 견해에 의하면 학설상의 부정적인 견해[33]들과 반대로 원호로 인한 TBS는 전반적으로 고수되어야 한다고 한다. 범죄예방을 강화하려는 정책은 폭력성범죄인의 비율을 높이는 방식으로 TBS시설 수용자의 비율을 구성하려고 하였다. 역시 구금완화의 기회에 대한 요건들도 강화되었다. 또한 보안처분으로서 정신병원으로의 이송(가능성)을 수월하게 할 수 있도록 규정하고 있다. 그리고 (종종 넓게 처분을 권하는) 감정서의 질이 좀더 향상되고 좀더 엄격하게 수용을 인정해야 한다고 한다. 학설에 의하면 자유형과 보안처분의 집행순서의 문제는 새로이 구성되어야 한다고 한다. 포켄스 위원회[called the Fokkens Committee]는 보안처분법이 개정이나 보완이 필요한지 여부를 연구하였는데, 자유형 이전에 보안처분을 집행하고 법관의 허가 하에 일찍 휴가를 실시할 것을 추천하였다.

30 v. Emmerik, *"De maatregel tbs Een overzicht in cijfers"*, justitiele verkenningen 19 (1993) Nr. 3, S. 18.

31 v. Emmerik, 바로 앞의 논문, S. 14.

32 v. Emmerik, 바로 앞의 논문, S. 17.

33 V. D. Landen, 각주 8), 452 ff.

네덜란드의 국가원호에 의한 위탁[TBS]은 보안감호를 대체하는 제도이다. 감호가 필요할 때 즉, 위험한 누범자에 대한 범죄예방의 필요성이 양형을 통해 만족될 수 있을까의 문제는 여전히 알 수 없다.[34] 여기에는 오직 치료필요성이라는 문제만 남는다.

주목할만한 점은 네덜란드는 위탁[TBS]을 폭력성범죄인과 대개 비교적 젊은 범죄인에게 제한하려는 목적을 이미 달성한 것처럼 보인다. 여기에는 동기행위의 범죄목록이 이전 형벌경력을 폭넓게 포기하고 있다는 사실이 확실히 도움이 된다. 범죄성향을 요구하고 있지 않은 것도 보안처분법을 합리적으로 근거지우는 데에 기여하고 있는 것 같다. 역시 보안처분의 연장을 새로운 감정서뿐만 아니라 명시적으로 새로이 부과하는 것이라고 선언하여 보안처분의 기간을 엄격하게 제한하고 있는 점도 박수를 받을만하다.

법률규정상 광범위한 감정평가서의 도움에도 불구하고 원호에 의한 위탁에 있어 신뢰할만한 정신의학적 진단에는 문제가 있을 수 있다. 특히 범죄인의 광범위한 그룹을 문제점이 있는 정신병개념에 통합할 수 있는지가 문제된다.

다른 측면에서는 범죄인의 정신상태에 해당하는 요건들을 통해 네덜란드에서는 피보안처분자에게 형벌과 유사한 단순한 감호(격

34 현실적으로 네덜란드에서 형벌과 보안처분의 구분이 점점 희미해져간다는 견해로는 Tak, *"Essays on Dutch Criminal Policy"*, 2002, p. 176.

리)가 아니라 특별한 치료를 제공하고 있다. 또한 법률상 이미 확보된 절차법상, 집행법상 피보안처분자의 지위를 강화하고 확장하여 '보안감호는 간판사기'라는 비난에 대처하려는 네덜란드입법자의 노력이 눈길을 끈다.

- TBS제도의 현실적 수용문제

장기수용자문제: TBS위탁처분시설은 장기수용자문제로 커다란 압력에 시달리고 있다. 법원은 치료와 연결된 위탁처분을 점점 더 많이 부과하고 있으나 정신질환을 앓고 있는 범죄인이 석방되는 숫자는 감소하고 있다. 이러한 경향의 주원인은 폭력성범죄나 성범죄와 같은 심각한 범죄가 증가하고 있으며 그 중 특히 알코올중독이나 마약중독의 정신장애 범죄인들이 증가하고 있다는 데에 있다. 이러한 요인은 치료의 기간을 평균적으로 증가시켰다. 정신병을 앓고 있는 많은 범죄인들은 6년간 치료를 받은 후에도 사회로 안전하게 돌아갈 준비가 되지 않으며 법원은 계속적으로 치료를 포함한 위탁처분을 확장하고 있다. 최근 조사에 의하면 현재 위탁처분시설에 있는 정신병을 앓고 있는 범죄인의 5-7%는 1980년대 초기부터 지금까지 시설에 머무르고 있으며, 15%는 10년에서 12년 동안 시설에 머물러 있었다. 1987년 이후 6년간의 치료에도 불구하고 정신병을 앓고 있는

범죄인중 45%이하만이 석방되었다.[35]

1994년 위탁처분시설에 8년 이상 머물고 있는 위탁처분 피수용자수를 조사하였는데 당시 장기수용자는 48명이었다. 1997년 이 숫자는 11명으로 증가하였으며[36] 지금도 증가하고 있다. 장기간의 치료에도 불구하고 정신장애범죄인은 여전히 사회에 큰 위험으로 남아있다.

이러한 계속적인 위험한 범죄인들을 위해 최근 20명을 수용할 수 있는 장기수용시설을 설립하였다. 이러한 범죄인그룹은 무엇보다도 정신적으로 지능이 떨어지는 성범죄인들이다. 정신분열증을 앓고 있는 경우와 조만간에 장기수용시설을 필요로 하는 계속적이고 잠재적인 누범그룹이 있는데, 이들에게는 좀더 장기수용의 필요성이 있다. 전체 위탁처분시설수용자 중 25%는 장기수용이 적합하다고 평가된다.[37]

정신장애범죄인이 장기적으로 수용되어야 하는지를 평가하기 위해서 4개의 기준이 구성되어있다.

* 범죄인은 최소한 6년 동안 폐쇄된 시설에서 정신치료를 받았

35 *"Parliamentary Papers"*, Session 1999-2000, nos. 24587 and 26562, subno. 44, p. 2.

36 *"Specific regime for chronic TBS patients"*, NJB 1998, pp. 1018-1019.

37 Tak, 앞의 책, p. 189.

어야하고;

* 적어도 두개의 위탁처분시설에서 정신장애범죄인을 치료하려는 노력을 기울였어야 하며;
* 정신치료가 정신장애범죄인의 위험성이나 정신장애를 실질적으로 감소시키지 못했어야 하며;
* 정신장애범죄인이 통상적인 정신병원이나 공공정신보건의 일부분의 형태로서 통상적인 정신치료시설로 이송되는 데에 적합하지 않아야 한다.

장기수용시설은 정신치료를 우선시하지 않는다. 정신장애범죄인을 치료를 통해 바꾸려고 노력하는 대신에 정신장애범죄인을 보안시설이 된 장기수용시설에 받아들인다든지, 범죄인이 아직도 가지고 있는 제한적이나마 긍정적인 능력들을 북돋우는 좀더 제한적인 목표가 추구된다. 장기수용시설의 일상체제는 정신장애범죄인이 악화되는 것을 방지하고 가능한 한 그들에게 의미있는 생활을 할 수 있도록 부양하는 것들은 목표로 한다. 장기수용시설에 적합한 정신장애 범죄인에 대한 예측은 대체로 나쁘다. 12년 이상 치료를 받았던 사람은 만성적인 정신장애범죄인이 되는 것 같다고 한다. 장기수용시설에 머무는데 드는 비용은 1일 225유로이며 통상적인 위탁치료시설은 1일 340

유로이다.[38]

수용능력의 문제: 위탁처분명령의 2/3는 감옥형벌의 선고에 부가하여 부과된다. 위탁처분명령이 감옥형과 결합하여 부과되지 않을 때에는 곧바로 위탁처분명령이 수행된다. 그러나 위탁처분시설의 수용능력이 부족하기 때문에 심각한 문제를 야기한다. 그 결과로 정신장애범죄인은 치료가 시작되기 전에 재유치시설에서 기다려야한다.

위탁처분기본법 제12절은 위탁처분명령이 내려진 후 6개월 이내에 위탁처분시설에서 명령이 개시해야한다고 정하고 있다. 이러한 조치가 불가능하다면 법무부장관은 6개월의 기간에 3개월 연장할 수 있다.

청소년보호와 형법이행심의회[39]는 시설 내에 자리가 생길 때까지 총 12개월의 기간은 허용된다고 정하였다. 위 심의회는 정신장애범죄인이 위탁처분시설에서 치료가 시작될 수 있기 전에 12개월 이상 재유치시설에서 머물러야하는 경우에 정신장애범죄인은 1개월에 565유로, 이에 더해 3개월마다 113유로의 재정적 보상을 받게 된다고 정하였다. 1999년과 2000년 법무부는 재유치시설에 수용되어 위탁처분시설의 자리를 기다리

38 Tak, 앞의 책, p. 190.

39 정식명칭은 Raad Voor de Strafrechtstoepassing en Jeugdbescherming.

고 있는 동안의 실질적인 금전을 정신장애범죄인에게 지불하였다.[40]

수용능력부족의 주원인은 위탁처분이 종료되거나 위탁처분시설에서 공공정신보건의 통상적인 정신치료시설로 이송되는 수보다 위탁처분이 부과되는 수가 훨씬 많기 때문이다. 따라서 input, throughput과/또는 output 사이의 심한 불균형이 존재하는 것이다.[41]

수용자의 특징: 최근 위탁처분시설의 피처분자들은 역사적으로 볼 때 상당히 변화하였다. 60년대에는 정신장애범죄인의 반절이상이 재산범죄로, 1/3정도가 성범죄 그리고 1/10정도가 폭력성범죄로 위탁치료시설에 보내어졌다.

70년대 이후에는 주로 심각한 폭력범죄를 저지른 정신장애범죄인에게 위탁처분이 부과되었었다. 1990년 이후에는 위탁처분시설의 피처분자들에 대한 상세한 정보를 이용할 수 있게 되었다. 지난 10년간 피처분사들의 중요한 특징들을 살펴보면:

* 남성이 압도적 다수이다.(여성 5%);

* 거의 대부분이 이혼상태이거나 독신이다(90%);

* 위탁처분시설 피처분자들의 교육수준은 낮으며 지능도 낮다;

40 Parliamentary Papers, Session 1999-2000, nos. 26562, subno. 44.

41 Tak, 앞의 책, pp. 196.

* 대략 피처분자의 반절정도는 범죄를 저지를 당시 실업상태였으며 1/4정도는 비숙련공으로 일하였다;
* 시설피처분자의 2/3는 마약, 알코올 또는 도박에 중독되어 있었으며;
* 2/5는 그의 유년시절 일부분을 하나 또는 그 이상의 소년시설의 보살핌과 원조 하에 보냈다.

토착인(순수 네덜란드인)이 아닌 정신장애범죄인의 수가 늘어나고 있으며 역시 중독성의 정신장애범죄인의 수도 증가하고 있다(1998: 68%). 또한 거의 모든 정신장애범죄인은 폭력성을 띤 범죄를 저질렀던 것으로 나타난다.[42]

특징적인 점은 위탁처분제도[TBS]는 100%폭력성범죄를 규율하고 있으며 우리에게는 생소한 인격장애범죄인이 70%-80%를 점하고 있다는 점이다. 정신장애범죄인의 진단에 대한 데이터는 시설내의 정신장애범죄인이 10년 전보다 더욱더 심각한 정신병을 앓고 있다는 것을 보여준다. 정신장애범죄인의 정신병 또는 인격장애의 비율은 상대적으로 변하지 않은 채 유지되고 있다. 그러나 정신장애범죄인에 대한 치료는 중독으로 인한 추가적 장애들로 인해 점점 더 복잡해졌다고 할 수 있다.[43]

42 Tak, 앞의 책, p. 198.
43 Tak, 앞의 책, p. 199.

네덜란드의 위탁처분제도[TBS]는 우리나라의 치료감호와 매우 유사한 제도이다. 그러나 네덜란드의 경우 형법 제37조에서 보안처분으로서 귀책이 불가능한 자(책임무능력자)를 정신병원에 수용하는 규정을 두고 있다면 제37a에서 규정하고 있는 위탁처분제도[TBS]는 기본적으로는 대부분 부분적으로 귀책가능한 자(한정책임능력자)를 규율하고 있다.

이러한 네덜란드의 위탁처분제도[TBS]가 우리의 법제와 다르거나 우리 형사사법에 참고가 될만한 대표적인 점들을 간추려본다면 다음과 같다.

상습누범에 대처하는 전략을 비교해보면 우리의 경우 누범에 대해 형법상 일반가중처벌규정, 상습범에 대한 개별적 가중처벌규정, 한정책임능력자에 대한 부분적인 치료감호 부과의 가능성 등을 통해 상습누범에 대한 비난(형벌)과 범죄예방(보안처분)을 위해 형법상 가능한 모든 수단을 동원하여 철저히 진압하고 있다. 그러나 상습누범의 건전한 사회복귀를 위한 특별한 노력은 일반적으로 매우 빈약하다고 할 수 있다.

네덜란드의 경우 상습누범에 대처하는 형법상 일차적 방법은 양형시 누범가중처벌규정에 의존하지만 우리의 경우와 달리 그 대상범죄는 재산범죄와 같은 작은 범죄도 규정하고 있음에도 불구하고 실무에서 실제로 적용되는 경우는 모두 폭력성범죄이다. 남는 문제는 형벌을 통한 비난이 어려우나 사회방위의 필요성이 제기되는 경우에 대한 배려이고 이를 위해 보안처분으로서 위탁처분제도[TBS]를 운영하고 있다. 위탁피처분자의 70%-80%는 우리에게는 생소한 인격장애[personality disorder]범죄인, 정신발달장애범죄인[mangelhafte Entwicklung der Geistestätigkeit]이다. 이들에게는 수사에서부터 석방까지 정신·심리전문가와 예산을 투자하여 사회치료 또는 의료적 치료[a socio-therapeutic approach or treatment approach]에 중점을 두고 있으며, 이에는 단순한 진압 대신 범죄에 대한 관용과 공존의 철학이 담겨 있다고 할 수 있다.[44]

또한 위탁처분제도[TBS]의 입법과 구체적 운영에 있어서도 대상범죄를 심각한 폭력성범죄로 한정하고 있으며, 실무통계상으로도 100% 폭력성범죄를 대상으로 하고 있고, 피처분자에게 다양한 형태의 권리를 부여함과 더불어, 처분의 부과, 연장, 석방 등 각 단계에서 정신·심리전문가의 판단을 요건으로 하며 처분기간을 엄격히 제한하여 형법상 비례성의 원칙을 법률에 표현하고 실무에서도 충실하게 따르고 있다고 할 수 있다.

44 진정한 개선은 형을 가하는 측과 수형자의 인격교류를 통해서 수형자는 자기의 죄값을 진정으로 받아들이는 과정을 통해서 기대할 수 있다. 그러나 이러한 기본적인 여러 사정 특히 인격발달장애로 인해 조건이 갖추어져 있지 않거나 기대할 수 없다면 서구에서는 바로 사회치료시설에의 수용가능성을 열어놓고 있다.

결론적으로 네덜란드의 위탁처분제도[TBS]와 그 구체적 운영에서 엿볼 수 있는 것은 상습누범에 있어 사회보호와 치료필요성의 목표를 동시에 달성하고자 하는 입법과 실무의 뛰어난 균형감각이며[45] 네덜란드에서 보안감호제도가 1929년 제43조에 도입되었다가 한 번도 효력을 발생한 적이 없었다는 사실도 이를 잘 대변해준다.

45 2003년 8월 네덜란드 Nijmegen대학의 Peter J.P. Tak교수와의 인터뷰에서 알 수 있었던 사실은 누범그룹에 대한 투자와 특별관리(특히 사회치료)는 계속 반복적으로 행해지는 범죄에 대한 전반적 형사절차 즉, 수사에서 자유형의 집행과정보다 비용 면에서도 우월하다고 한다.

08

판결

8.1 법률 구조

네덜란드 사법부는 판결시 광범위한 재량권을 가지고 있다.

판결과정에서 법원을 구속하는 극소수의 법규들조차도 개괄적일 뿐이고, 개별사건에서도 법원은 형벌의 종류과 형량을 선택할 때 제한받지 않는다.

형벌에 관한 법률 구조는 매우 폭넓게 설정되어 있다. 법률상 최소구금기간은 1일인데, 이는 일반적인 범죄의 중대성과 관계없이 모든 범죄에 있어서 똑같다.

반면 법률상 최대구금기간은 세분화되어 있는데, 이는 범죄의 흉악성 정도를 나타내준다.

소수의 범죄는 종신형, 종신형 대신 20년 이하의 자유형의 기간이 정해지거나, 벌금에 처해질 수 있다.

- 형벌가중요건

형법은 가중요건에 대해 제한적으로 규정하고 있다. 다음 3가지 사유가 있을 경우 형이 가중된다. 상습누범, 경합범, 공무에 대한 범죄가 그것이다. 이러한 형벌가중사유가 있으면 법정최대선고형은 3분의 1까지 가중될 수 있다.

또한 형법은 다수의 개별범죄 구성요건에 특별가중요건을 규정해 놓고 있는데, 이 요건들을 충족하면 형이 가중될 수 있다. 그런데 그 범죄들은 반드시 결과발생을 요건으로 한다(예를 들면, 피해자 사망의 결과를 초래한 폭행만이 특별가중요건을 충족하는 것이다).

- 감경요건

형법은 하나의 감경요건, 즉 '형사미성년자'를 규정하고 있다. 미성년자는 훨씬 더 가벼운 제재시스템을 가진 소년형법의 적용을 받게 된다.

이러한 일반감경요건과는 별도로, 형법은 특정범죄들에 관련하여 특별감경요건들을 규정하고 있다.

- 경합범의 형선고

피의자가 경합범이나 수개의 범죄로 재판을 받는 경우, 법원은 자유형 선고를 동시에 그리고 누적적으로 할 수 없다. 그러한 경우 법원은 한 개의 결합된 형을 선고하여야 하는데, 법률상 최대로 선고할 수 있는 자유형은 가장 중한 죄에 정한 장기의 3분의 1까지 가중한 형이다.

벌금형은 경합범들 중 어느 경우에도 부과될 수 있다.

서로 다른 다양한 주형들은 병과될 수 있다. 자유형의 전부 또는 일부 집행이 유예된다면, 징역형은 벌금형이나 사회봉사 형벌과 병과될 수 있다.

8.2 판결 이유에 관한 규정들

법원은 형사제재를 선택할 수 있지만, 판결의 이유에 관한 절차적 요건을 갖춰야 한다.

- 형사소송법 제359조 제5항은 그 평결에서 그러한 판결을 내리게 된 충분한 이유를 설시할 것을 요구한다.

  법원은 보통 부과된 형벌에 대해 판결은 범죄의 심각성, 범행상황, 범죄인의 성행에 해당하는 진술로 정형적인 형식에 국한할 것이다. 형사소송법 제359조 제5항에 의해서 요구되는 이러한 이유설시 과정은 판결문서식에 미리 인쇄되어 있거나, 또는 판결문을 작성할 때 워드프로세서로부터 쉽게 나온다고 일반적으로 알려져 있다.
- 게다가 형사소송법 제359조 제6항은 자유박탈적인 형벌을 선고할 때 구금판결을 선택하게 된 특별한 이유들과 형기를 산정할 때 고려된 상황들과 같은 특별한 근거들을 언급할 것을 요구하고 있다.

  집행유예를 선택할 때에는 더 이상 이유를 언급할 필요가 없다. 이러한 요건들은 1983년 경제형벌법을 통하여 형사소송법에서 구체화되었다.
- 형사소송법 제359조 제7항은 법원이 검찰이 최후진술에서 구

형한 형보다 더 무거운 형을 선고할 때 그 이유를 언급하도록 요구하고 있다.

- 마지막으로, 형사소송법 제359조 제8항은 법원이 위험관련 범죄에 대하여 위탁명령을 선고할 때 특별한 근거를 요구한다.

네덜란드 형사소송법은 성인에게 형을 선고할 때 2단계의 절차를 규정하고 있다(제359조 제5항과 제6항).

1단계는 그 범죄자의 형사책임과 그 범죄의 심각성에 비례하여 형량을 결정한다. 2단계는 형벌이 벌금, 유예판결 또는 자유형 중 어떠한 형벌을 부과되어야 하는지에 대하여 결정한다.

이러한 결정을 할 때, 개별적 형사책임이나 그 범죄의 중대성이 아니라 특별예방이나 일반예방에 대한 고려가 결정적인 역할을 한다.

8.3 판결에 대한 규정들

판결의 목적에 관한 법률규정은 없다. 판결의 목적은 매우 다양한데, 이는 응보, 특별예방이나 일반예방, 교화, 갈등해결, 사회보호, 보상 등을 포함한다.

모든 법률상 제재들과 처분들은 이렇게 다양한 판결의 목적에 기초한다. 사회봉사형벌은 많은 목적들이 결합되어 있다. 그러나 사회봉사형벌을 부과할 때는 특별예방이 확실히 우선한다.

복합적인 목적들은 범죄수익박탈제도(보상, 응보 그리고 예방), 벌금(응보, 예방 그리고 보상), 자유형(응보, 예방 그리고 보호), 그리고 위탁명령(보호, 응보뿐 아니라 예방)에도 존재한다. 그러나 판결에서 기본적으로 주목할 사항은 형사상 책임있는 행위에 대한 응보이다.

법원은 각각의 개별사건에서 적절하다고 생각하는 한 가지 또는 몇 가지의 목적들을 자유로이 선택할 수 있다. 선택된 목적은 종종 형벌의 종류과 형량으로부터 추단될 수 있다. 법원은 매우 자주 판결목적들을 결합하는데, 한 가지 목적만 강조하는 경우들도 또한 많이 있다(예를 들어 HR(최고법원) 1960. 8. 26. NJ(네덜란드 판례법) 1960, 566: 응보('...판결과 달리 보안처분들은 범죄자의 응보에 유용한 것이 아니라 오로지 공공질서 보호와 범죄자의 개선을 목적으로 한다...'); HR 1986. 12. 9. NJ 1987, 540: 일반예방('... 피고와 같은 외국인 범죄자들은 이 나라에서 죄를 범하여 그들 스스로 자립하는 것을 막아야 한다'); HR 1985. 11. 12. NJ 1986, 327: 피고인으로부터 사회보호('...법원이 최대한 사회를 보호해야한다는 이유로 자유형을 선고하는 것은 받아들일 수 없다'); HR 1985. 7. 15. NJ 1986, 184: 특별예방('...적절한 규범의 강제를 위하여, 법원은 자유박탈적인 형벌만 부과해야 한다는 의견을 견지한다'). 그러나 대체로 법원은 평결에서 전혀 판결의 목적을 설명하지 않는다.

어느 정도의 죄를 범해야 판결의 엄중함에 제한을 둘 수 있는가, 그리고 어느 정도의 형벌을 선고해야 형사책임과 비례하는가 하는 의문이 제기된다. '책임 없으면 형벌 없다'는 원칙은 네덜란드 형법의 주요부분이다. 그것은 정신이상 상태의 피고인은 처벌할 수 없고 그 사건은 기각되어야 한다는 것을 의미한다. 그러나 만약 그가 자신이나 다른 사람들에게 또는 일반적으로 사람과 재화의 안전에 위험하다고 판단된다면, 법원은 위탁명령을 통하여 피고인을 정신병원에 수용하도록 해야 한다.

그러나 '책임 없으면 형벌 없다'는 원칙이 판결은 전적으로 이러한 형사책임에 의해서만 결정된다는 결론을 도출해 내지는 않는다. 또한 책임정도로 평가된 판결이 균형이 맞지 않아 부적절하다는 것을 의미하지도 않는다. 사실상 판결은 책임 뿐 아니라, 다음과 같은 다른 요인들에 의해서도 결정된다.: 범죄자의 위험성과 연결된 재범에 대한 사회보호; 행해진 범죄의 중대성; 법률적 명령에 대한 효과의 중대성; 그리고 그러한 판결(HR 1985. 7. 15. NJ 1986, 184)로부터 나오는 일반적인 예방효과 등이 그것이다. 판례법을 보면, 대법원은 감경된 책임에 대하여 어떤 보안처분(예를 들어, 위탁명령)을 부과할 때, 상당히 장기의 자유형과 결합시킨 판결을 반복적으로 선고하고 있다. 감경된 책임에도 불구하고, 법원은 장기의 자유형을 선고할 수 있다, 왜냐하면 사회를 보호하기 위하여 오랫동안 범죄자를 격리시킬 필요성이 있기 때문이다(HR 1957.

9. 10. NJ, 1958, 5, HR 1977. 12. 6. NJ 1979, 181, HR 1985. 11. 12. NJ 1986, 327).

다양한 개인적인 혹은 독립된 요인들이 판결을 무겁게 혹은 가볍게 변경시키는 이유가 될 수 있다. 피고인의 전과 또는 법정에서의 심리기간동안의 부정적인 태도로 인하여 판결이 중하게 조정될 수 있다; 예를 들면, 끝까지 범행을 부인하는 피고인, 또는 거짓진술을 함으로써 유죄판결을 회피하고자 하는 피고인, 범죄를 범하게 된 동기 예를 들면 질투와 증오심, 정신과 진단에 협조하지 않으려 한 피고인의 상황, 또는 그의 행동이 잘못되었음을 피고인이 받아들이지 않는다는 사실 등이 그것이다.

범죄시와 재판시 사이의 상당한 시간의 경과, 범죄피해에 대한 자발적인 보상, 피고인 측에서의 후회의 표현, 전과 없음 또는 긍정적인 보호관찰의 전망에 의하여 판결은 가볍게 조정될 수 있다.

8.4 법원 판결의 재심리

1심법원 판결은 항소법원에 의하여 재심리될 수 있다. 항소장은 유죄판결을 받은 자나 검사에 의해 제출된다. 항소심에서 법원은 완전한 자유재량으로 새로운 판결을 선고한다. 대체로 항소는 이익이 된다. 과거 1994년과 1995년의 2만 건의 항소사건을 조사해

보면, 21.5%의 항소심판결이 1심판결과 유사하게 자유형이 선고되었음을 알 수 있고, 14.1%의 항소심판결은 1심판결보다 더 경한 판결이었고, 8%는 형이 더 높아 졌음을 알 수 있다. 거의 52%의 사건에서 항소법원은 1심에서 선고된 자유형의 일부를 집행유예 판결이나 드물지만 벌금형으로 변경하였다. 1심법원에서 선고된 전체 구금기간은 180만 일이었다. 그러나 항소심에서는 130만 일로 감소하였고, 그것은 1,370년(50만 일 = 1370년)의 감소를 뜻한다. 항소법원에서의 선고형량의 감소는 대개 1심판결 선고와 항소법원 재판기간 동안 바람직한 태도를 보여준 데에 대한 보상의 결과이다.

판결의 재심은 또한 대법원에서도 행해진다. 그러나 재심은 그 판결이 형사소송법 제359조의 법정요건들에 따라서 충분히 이유 있는 것들로 제한된다. 대체로 대법원은 범죄의 심각성, 범행상황, 피의자의 개인적 환경들과 비례하는 충분한 표준공식을 가지고 있다.

대법원은 판결이 상당히 가혹할 때에는 이 표준공식을 받아들이지 않는다. 다음은 그와 같은 경우의 예시이다:

- 범죄와 선고된 형벌간의 명백한 모순이 있는 경우. 예를 들어 5,000유로를 초과하지 않는 벌금이 가능한 범죄에 대하여 18,000유로 상당의 차량 압수(HR 1989. 6. 13. NJ 1990, 138);
- 항소심 선고형이 특별한 추가적 동기 없이 상당히 논란이 된

경우. 즉 1심판결에서 선고된 집행유예판결이 실형판결로 대체된 경우이다(HR 1985. 4. 2. NJ 1985, 875);

- 판사가 공판절차에서 판결에 관한 명백한 항변이 있음에도 응답하지 않은 경우. 즉 피고인이 주장과 입증 방식으로 형량의 감소를 가져오는 요인을 지적했음에도 불구하고 판사가 아무런 응답도 하지 않은 경우이다(HR 1988. 11. 1. NJ 1989, 351); 또는
- 법원이 범죄인이 가난함에도 불구하고 높은 벌금을 부과한 경우(HR 1998. 2. 17. NJ 1998, 447).

8.5 판결의 불균형

판결에 있어 의무규칙의 부존재는 가벼운 형벌환경을 조성하는데 기여할 수 있으나 이는 또한 판결에서 커다란 불균형을 초래할 수도 있다.

판결의 불균형은 네덜란드 판결에서 가장 심각한 문제 중의 하나이다. 이미 알려진 것처럼 항소법원이나 대법원은 심각하게 불공정한 판결을 파기할 수 있다. 그러나 항소법원이나 대법원 모두 하급심법원의 판결에 있어서의 완전한 평등성을 결코 실현시킬 수 없다. 판결의 균형은 지난 수십 년간 주요 관심사가 되어왔다.

개별적인 판결에 대한 판사의 자유재량권을 너무 제한하지 않고 판결에서의 균형을 개선하기 위한 다양한 제안들이 논의되어 왔다.

그러한 제안들은 특별판결법원의 설립에서부터 판결에 관한 데이터 구축 또는 판결시 점검사항목록 또는 법원을 위한 판결가이드라인에 이르기까지 걸쳐 있다. 그러나 그러한 제안들 중 어느 것도 판결에서의 불균형 문제의 실행가능한 해결책이 되지는 못하였다.

특정 유형의 범죄에 대해서는 판결에서의 불균형이 덜 발생하였다. 이것은 우연의 일치가 아니라, 이러한 범죄에 대하여 검찰이 재판시 최후진술에서 무슨 판결을 요구해야 하는지에 대한 지침서를 간행한 결과였다. 이것은 음주운전, 사회보험 사기, 탈세, 약물범죄 등등에도 유효하다. 그러한 지침들은 형의 균형에 긍정적인 영향을 끼쳤다.

실무상 법원은 검찰이 최후진술에서 구형한 형벌을 처벌을 위한 지침으로서 고려한 것으로 나타났다.

그 지침들은 검찰위원회에 의하여 간행되어 왔고, 각 법원의 판결정책과 조화되어 왔다.

검찰의 각 구성원들은 이러한 지침들에 원칙적으로 구속된다. 이러한 의무는 검찰의 위계구조에서 유래한다. 즉 위계상 하위구성원들은 그의 상급자로부터 나오는 명령들에 복종해야만 한다.

이러한 의무는 법(사법조직법[Judicial Organization Act] 제139조와 형사소송법 제140조)에 명시되어 있다.

검찰구성원과 달리 법원은 이러한 지침들에 구속되지 않는다. 또한 지침들에 벗어나는 판결이 범죄자에게 피해를 주었더라도 그 이유를 설명할 필요가 없다(HR 1992. 3. 10. NJ 1992, 593). 그러나 반복되는 실무에서 그 지침들은 판결정책의 표지가 되고 있음은 증명되었다. 비록 1970년대 이래로 검찰이 이러한 판결지침의 유형들이 매우 다양한 범죄에 대하여 발간되어 왔음에도 불구하고, 그것들은 원했던 만큼의 효과를 발휘하지 못하였다. 이것은 지침들이 가장 무거운 판결과 가장 가벼운 판결이 적합한 때를 명백히 하지 않고 구형에 있어서 둘 사이에 넓은 허용범위를 둔 사실에 기인한다.

지침 또한 일관성이 결여되어 있었다. 무기 사용여부에 대한 질문은 신체상해에 관한 지침에 있어서 매우 중요했었다. 그러나 무기의 사용은 폭력사용에 대한 판결에서는 아무런 역할도 하지 못했다. 판결지침이 판결 불균형을 제거하기 위한 효과적인 수단이 되지 못한 또 다른 이유는, 판결에서 검찰지침들이 검사가 개별사건에서 자세한 이유설시 없이도 지침을 벗어날 수 있는 여지를 남겼기 때문이었다.

8.6 검찰의 판결 지침들

검찰내부에서 1999년 이래로 35개 이상의 판결에 대한 국가적 가이드라인들이 소위 Polaris(북극성: 오랫동안 방위의 기준으로 사용됨)지침으로 공식화되어 왔고, 그것들은 대부분의 범죄에 대한 판결의 선고에 균형을 가져올 것이 틀림없다. 이러한 검찰판결 가이드라인 구조는 매우 명백하고, 검찰위원회에 의해 간행된 '검찰판결 가이드라인을 위한 프레임'에 근거하고 있다. 여기에는 각 범죄에 대하여 수많은 판결점수가 정해져 있다. 예를 들면, 자전거절도는 10점; 주거침입절도는 60점; 자동차절도는 20점; 가게에서 절도는 4점; 손괴는 6점; 상해는 7점; 협박은 8점; 모욕은 10점; 공개된 장소에서나 공공연한 폭력의 사용은 15점; 중독성 마약[hard drug]의 수입이나 수출은 30점; 공장침입절도는 42점이다.

특별한 상황들로 인해 점수는 더 높아지거나 낮아질 수 있다. 예를 들면, 무기의 사용이나 피해자의 상해는 별도의 점수를 추가시킨다. 미수에 그친 경우 점수의 감소를 가져온다. 상습누범은 정한 점수의 2분의 1을 증가시키고, 다수의 범죄에 대한 상습성은 점수를 2배로 늘린다.

결국 그 점수들이 판결로 전환된다. 그러나 모든 점수들이 판결에서 전부 계산되는 것은 아니며, 점수들의 전환방법이 공들여 다듬어졌다. 즉 180점까지는 모든 판결점수가 계산된다. 181점과

540점 사이에서는 각 점수는 절반의 점수로 계산되고, 541점 이상에서는 각 점수는 4분의 1의 점수로 계산된다.

각각의 점수는 22유로의 벌금, 또는 하루의 자유형, 2시간의 사회봉사 형벌로 바뀔 수 있다. 30점 이하는 검사가 공판절차를 피하고 벌금이나 사회봉사 형벌로 처리할 수 있다. 30점과 60점 사이에서 검사는 오직 사회봉사 형벌만을 사용할 수 있다. 61점 이상에서는 기소할 것인데, 검사는 121점 이하에서는 사회봉사 형벌을 120점 이상에서는 자유형을 구형할 것이다.

개별검사들은 이러한 지침들로부터 벗어날 수 있으나, 그렇게 해야 하는 명백한 이유를 제시해야 한다. 이러한 시스템의 이점은 이에 대한 재조사가 모든 19개의 지방검찰청에서 이뤄질 수 있다는 점이다. 검사들 중 하나가 이러한 국가적 정책으로부터 상당히 이탈하였을 경우, 검찰총장과 개별검사 간에 토론이 이뤄져야만 한다.

앞으로 이러한 판결가이드라인들에 근거한 검찰의 통일적인 구형들이 법원의 보다 균형 잡힌 판결들을 이끌어 내리라 전망된다.

09

네덜란드 교정 시스템

9.1 교정정책

매년 거의 50,000명의 네덜란드인이 교도소에 구금되고 출소한다. 네덜란드 교도소 수용인원의 구성은 상당히 변화되어왔다. 1980년대의 교도소 수용인원 구성과 비교해보면, 그 이후에는 다양한 종류의 수용자와 다양한 형태의 범죄로 장기형을 치루는 수용자들로 교도소가 채워지고 있다.

법무부는 교정행정과 교정정책의 발전에 궁극적인 책임을 지고 있다. 정기적으로 교정규칙 또는 교정정책계획 등이 발표된다. 이는 교정철학과 정책의 변화를 의미한다. 감옥원칙법[The Principle of Prison Act]이 발효된 1953년과 이의 후속법인 교도소원칙법[the Penitenitary Principle Act]이 제정된 1999년 사이에는, 재사회화이념에 대한 높은 기대감이 점차 현실적인 철학으로 후퇴했다는 것을 보여주는 4개의 교정규칙이 발표되었다. 재사회화이념의 퇴화는 여러 요인에 의해 야기되었으며, 그중 몇 가지는 여기서 다룰 것이다.

1994년 제정된 교정규칙[Werkzame detentie]은 효과적인 격리(incapacitation, 무해화) 생산적이고 노동추구적인 구금을 동시에 의미한다.

새로운 교정정책발전의 주요이유는 교도소 수용인구의 특성이 변하는 데에서 기인한다. 상당히 긴 장기형을 복역하는 수용자수가 증가하였고, 매우 공격적이고 도주위험이 높은 수용자, 정신질

환자 그리고 마약중독 수용자수가 늘어난데 그 이유가 있다. 또한 석방 후 추방될 외국인 수용자의 수 또한 늘어났다. 다양한 국적, 외국어, 종교 등의 수도 해마다 증가 추세에 있다.

교정정책을 다시 고려하는 또 다른 이유는 이전의 교정규칙 이후 엄청나게 확대된 교도소 수용인원에서도 원인을 찾을 수 있다. 교도소 수감율은 급격하게 두 배가 넘게 늘었으며 네델란드는 세계에서 가장 급격히 수용인원이 증가하는 나라중 하나가 되었다. 그럼에도 불구하고 네덜란드의 수감율은 절대적 기간으로 볼 때 다른 유럽나라들 보다 낮은 편이다. 1985년과 2000년 사이에 교도소 수용능력은 4배로 늘었다. 또한 법무부 계획에 따르면 더 많은 교도소 건설의 필요성을 제안하고 있다.

현재 교정정책의 핵심은 무엇인가? 그 출발점은 주당 26시간의 생산적인 노동이 핵심요소로서 모든 수감자에게 적용되는 표준체제이다. 표준체제는 옥외접견, 가족 또는 친구들과의 면회, 여가활동 그리고 운동 같은 법적으로 보장되는 활동을 각각의 수용자들에게 제공한다.

표준체계의 목적은 아래의 두요소로 구성되어 있다.

- 교도소내에서 지루함이나 게으름 대신 소일할 거리의 적절한 제공은 수용자들에게 의미있는 시간투자의 기회를 가지게 할 것이며;
- 이는 나아가 출소 후 사회적응에도 크게 기여할 것이다.

지금까지 대다수의 수용자들이 '표준체계'에 따르고 있다.

상대적으로 적은 수의 수용자들이 석방 후 사회복귀에 도움이 되는 특별한 처우를 받을 수 있는 자격을 갖는다.

폐쇄적인 교정시설임을 전제하고, 아래와 같은 수용자를 위한 특별한 시설들이 존재한다:

- 마약관련 범죄 라이프스타일에서 벗어나길 원하는 마약중독자;
- 근접감시가 필요한 정신질환 수용자; 그리고
- 교육, 직업훈련 그리고 작업교육과 같은 프로그램을 통해 사회에서 보다 나은 기회를 얻기를 원하는 수용자.

네덜란드 교정시스템은 지루하고 복잡한 과정을 겪은 뒤 1992년에 재건되었다. 그 이전에는 네덜란드 교도소와 구금시설이 법무부 중앙교정이사회[Central Prison Directorate of the Ministry of Justice]의 지휘를 받아왔었다. 직원과 수용자에 관한 거의 모든 지휘와 결정이 이사회에 의해 이행되었으나 소위 '탈집중화분산' 과정이 이런 상황에 종지부를 찍었다. 이때부터 교도소장은 이전에는 교정이사회에 속해있던 권한들을 이전받게 되었다. 국가교정제도국[the National Agency of Correctional Institution]의 임무는 분산된 교도소 임무를 조정하고 기획과 통제에 의한 교정시스템 발전을 도모하는 것이었다.

그런데 '탈집중화분산' 과정은 정책입안과 정책집행을 구분하게 되었다. 정책입안은 국가 교정제도국의 임무이고 이의 실행은 교도소장의 임무가 되었다. 이러한 정책입안과 정책집행의 구분은 교도소조직에 오히려 도움이 되었다. 왜냐하면 각 교도소는 직원인사와 재정 그리고 물품 등에 대해 스스로 결정하여 운영하는 폭넓은 선택의 기회를 얻게 되었기 때문이다. 분산화 과정은 또한 교도작업에도 우호적인 환경을 조성하게 해주었다.

9.2 1998년 교도소원칙법

형 집행에 관한 주요 법률제정은 1998년 입법된 교정원칙법과 부칙인 교정규칙이다. 이 법은 1953년 제정된 행형법을 대체하게 되었고, 형벌기관구성의 차별화와 수용자 선택에 상당한 변화를 가져왔으며, 1999년 1월 발효되었다.

교정원칙법의 핵심은 4개의 주제로 이루어져 있다.

- 몇 가지 인권침해는 법률상 정당화한다;
- 자유형판결 집행은 분리의 원칙이 아닌 통합의 원칙아래 실행된다는 원칙을 출발점으로 한다;
- 수용시설의 소규모화와 수용자 활동을 보장한다; 그리고
- 수용자에게 법적 보호수단 제공한다.

교정원칙법이 지도 원리는 '재사회화'이며, 제재는 가능한 한 부

과되는 즉시 집행되어야 하고, 구금된 자는 가능한 한 최소한의 통제를 가해야 한다는 원칙이다.

더욱이 교정원칙법은 서로 다른 다양한 종류의 형벌시설들에 대한 규제원칙들을 다룬다. 서로 다른 다양한 종류의 형벌시설이란 주로 예심구금명령 집행을 위한 시설과 특정한 자유형의 집행 또는 다른 종류의 자유박탈집행 그리고 전반적인 자유형집행을 위한 시설 등이다.

교정원칙법은 역시 교도소 분류와 수용자 선별, 사회통합행형 수준과 수용자에 대한 통제와 강제력 사용, 외부세계와 접촉의 등급, 사회적 정신적 의료적 처우, 교도작업, 여가, 훈육 그리고 수용자 고충처리절차 등에 관한 원칙을 상세하게 기술하고 있다.

보통 예심구금명령 집행대상자는 유죄판결을 받은 자와 유사한 법적 지위에 있으므로, 교정원칙법은 자유형수용자와 예심구금명령 집행대상자 양자에게 동일하게 적용될 수 있다. 이 법은 수용자가 어떤 형태의 구금시설에 있던 즉 교도소, 예심구금명령구치소, 벌금체납구금 또는 추방명령구금 등 어디에 있든지 타이틀에 관계없이 구금된 자 모두의 권리와 의무를 규정하고 있다.

- 교화프로그램

교정원칙법과 교정규칙은 변형된 사회내 처우로의 우회적인 제도를 도입하였다. 비록 1986년 자유재량의 가석방이 무조건적 자동 조기석방제로 대체되었음에도 불구하고, 단지 제한된 범위의 수용자에게만 적용되도록 새로운 형태의 조건부 가석방을 창설하였다.

교화프로그램은 자유재량적 프로그램이다. 최소 6개월 형을 받은 수용자가 적어도 그 자유형기의 6분의 5를 복역한 후에야 참여할 기회가 주어진다. 또한 이 프로그램은 최소 6주에서 최대 6개월까지 지속되며, 형기의 3분의 2를 복역 후 자동 조기석방 이전에 이루어진다. 형을 받은 자는 보호관찰소의 감독을 받으며, 교도소 밖에서 최소 주당 26시간의 사회복귀와 재사회화를 목적으로 한 활동에 참여해야만 한다. 잔여형기는 12-16주간 자택구금같이 교도소가 아닌 자택에서 보내게 된다. 대체로 1년 이상 형을 받은 수용자중 약 10%가 교화프로그램에 참여할 자격이 있다.

보통 교화프로그램은 전자감시와 결합되어 있다.

9.3 교도소의 형태

1998년 제정된 교정원칙법의 입법에 앞서 수용자의 나이, 자유형 기간 등과 같이 많은 법률상 기준이 교도소분류를 목적으로 발전했었다. 비록 교정원칙법상 나이와 형기는 더 이상 분류 시 법률상 기준이 아님에도 불구하고 실무에서는 여전히 잔재하고 있으며 특히 성별에 기초한 구분은 여전히 통용되고 있다. 남녀는 분리되어 수용되지만 공동활동은 가능하다. 교정원칙법이 시행되어 온 이래 주요 분류기준은 보안의 단계이다.

그 존립목적과 도주가능성에 대비한 보안단계를 기초로 교정시설이 다섯 가지 단계의 보안으로 다양하게 구분 지어졌다.

- 매우 제한된 보안
- 제한된 보안
- 보통 보안
- 확장된 보안
- 특별히 확장된 보안

네덜란드에는 20개의 성인교도소가 있는데 이들 중 많은 수가 하나 또는 여러 유형의 구치소와 하나 또는 여러 유형의 감옥도 포함하고 있다. 7개의 교정시설에는 여자수용자를 수용하는 사동 또는 구역을 설치 운용하고 있다. 네덜란드 교정시설은 상대적으로 소규모이며 가장 규모가 큰 시설이래야 약 400개의 거실을 보유하고 있을 뿐이며 교도소 수용인원은 대략 13,000명 수준이다.

대다수의 수용자는 소위 '자진출두 보고자'라 하여 자신들의 형을 선고받은 즉시 구금되지 않고 얼마간의 시간이 흐른 뒤에 자진해서 형을 복역하기 위해 교도소로 출두하도록 소환된다.

그들은 스스로 판결을 받아들여 교도소로 보고하고 출두하여 형을 복역하고자 하므로 결국 탈주하려고 시도할 가능성이 매우 낮다. 따라서 이들은 보안상 매우 낮은 경비수준의 교도소에 수용된다.

교정시설은 교도소 또는 구치소로 나눠진다.

네덜란드 교도소 내 총 거실의 수는 약 3,500개이며 다른 형태의 교도소란 아래와 같다.

- 반半개방 교정시설

이런 시설에는 수형행실이 양호한 장기복역수용자들이 자신의 형기중 후반 마지막 부분을 이곳에서 지내는데 적합하다. 교육 등 교화프로그램을 통해 사회복귀를 준비하게 도와주며, 보안경비수준은 낮다.

- '자진출두보고자'를 위한 반개방 교정시설

이 시설은 매우 낮은 보안경비를 유지하며, 법정에서 형을 선고받을 당시 불구속 상태로 있던 수용자들을 위한 시설로서, 선고 후 자진출두 요구를 받아 스스로 출두한 자들을 위한 시설이다.

- 개방시설

이 교정시설은 자신의 형기 중 적어도 절반을 복역한 수용자를 위한 시설이지만, 여전히 12개월을 더 복역해야 하는 자를 위한 시설이다. 최장 구금기간은 5개월이며 '최선의 동기와 적합성'의 필요조건을 갖춘 수용자들만이 입소가능한 시설이다. 수용자들은 주간에 작업을 하고 교육프로그램에 참가하며 보안경비수준은 제한적이다.

- 단기수형자를 위한 시설

이 시설은 보통 미결구금일수와 연속된 형기를 포함해서 6개월 미만의 잔여형기를 복역하는 수용자를 대상으로 한다.

- 장기수형자를 위한 시설

이 시설은 잔여형기를 6개월 이상 복역해야 하는 수용자들로 교도작업과 의무적인 교화프로그램에 참가해야 한다.

- 구속된 수용자를 위한 시설

선고 후 자진출두명령을 어겨 체포된 수용자를 위한 폐쇄적인 시설이다.

- 엄정 중구금 시설

1991년에 발생하여 세상을 놀라게 했던 도주사건 이후에 도주 위험이 높고 극단적으로 위험한 자로 낙인찍힌 수용자관리를 위해 특별히 고도의 보안구금 사동시스템이 도입되었다. 4개 시설에 각각 12개의 거실이 설치되었는데, 고도의 보안구금 사동의 취약점은 수용자들의 시설 밖 운동, 스포츠 그리고 접견 등이 사동 내부에서 이루어지지 않고 교도소 내 다른 부분에서 시행된다는 점이다. 일부 극히 위험한 수용자들이 도주, 극단적 폭력행사 그리고 인질극을 시도하기도 했다.

모든 시설들이 철저하게 사동 담장안에 구비된 EHSU 교도소를 건설하기로 결정되었다. Vught에 있는 EHSU 교도소는 24개의 거실로 구성되어 있으며 사실 이 시설은 '교도소내의 교도소'

라고 할 수 있다. 한정된 수용인원으로 인하여 도주위험에 관한 철저한 평가를 마친 후에만 이 엄중 구금시설에 배치가 가능해진다. 도주위험이 극단적으로 높고, 도주한다면 사회에서 감내하기 힘든 심각한 폭력범죄를 저지르는 상습누범이나 사회적 불안을 야기하는 관점에서의 수용자들이 EHSU에 구금된다. 고도의 보안구금 사동에는 6개월 동안 수용되며 도주위험이 잔존한다고 판단되면 6개월 더 연장할 수 있다.

수용자는 EHSU수용결정과 연장수용에 대해 항고할 수 있다.

특별한 고도의 보안구금 사동의 보안은 매우 제한적이다. 교도관과의 접촉은 가능한 한 원격으로 이루어지며, 다른 사동 내 수용자들과 접촉이 차단된다. 정기적으로 몸수색과 특별한 검방이 이루어지며, 가족이나 친구들과의 면회도 유리벽으로 분리된 방에서만 가능하다. 면회객은 면회 전 면밀한 몸수색(strip search: 알몸조사)을 거쳐야만 하며, 수용자는 면회 전후 검사를 받는다. 모든 대화내용은 녹음된다. 거실 밖으로 나온 모든 수용자는 수갑을 차야만 한다.

적어도 일주일에 2회 30분 동안 운동이 허용되며, 3번 이상의 여가활동이 허용된다.

유럽고문방지위원회[The Council of Europe's prevention of torture]는 이에 이의를 제기하고 있다. 즉 EHSU제도는 아무리 좋은 물적 조건에도 불구하고 도처에서 EHSU 수용자 삶의 질이 비인간적이고 많은 부분 미진하다는 결론을 내렸다. 유럽인권재판소는 EHSU의 보안조치가 비인간적이고 유럽인권협약 제3조에 위배되는 인권침해적 처우라고 지적한 바 있다.

구치소는 약 9,500개의 공간이 이용가능하며 주요한 종류를 살펴보면 아래와 같다.

- 경찰서 유치장

범죄행위로 인해 유치된 자 또는 실형을 복역해야 하는 자 그리고 벌금을 납부해야하는 자가 경찰서유치장에 유치된다. 벌금체납으로 인한 구금은 경찰서유치장에서 최대 10일간 유치된다.

- 표준체제의 유치장

이 시설은 예심구금수용자를 유치하기 위한 목적으로 만들어졌다. 예심구금수용자의 일상은 주로 교도작업으로 구성되어 있고, 교육프로그램에 참가할 수도 있으나 의무사항은 아니다.

- 간소한 체제의 유치장

이 시설은 벌금미납 유치자, 외국인, 체포된 자, 말썽을 일으킬 수 있는 유죄판결을 받은 자 등을 구금하기 위한 것이다. 이곳에 머무르는 최대기간은 60일을 넘을 수 없다. 주간에는 프로그램이 실행되나 야간에는 일체의 활동이 금지되며, 법률상 최소한 보장된 활동시간이 제공된다.

- 국외추방명령을 받은 불법외국인을 유치하는 시설

불법외국인 구금은 행정적인 조치이지만 보호국에서 집행한다. 이 시설 내 생활조건은 예심구금과 동일하며, 평균유치기간은 약 50일이다. 매년 유치장 수용인원의 12% 정도는 불법이민자들이 차지하고 있다.

- 교정치료센터

중대한 범죄는 아니지만 그래도 사회의 골칫거리로 여겨지는 지속적인 마약중독자들은 보통 단기형을 선고받게 되므로, 교정시설에서 효과적인 치료를 받는 것이 불가능하기 때문에 교정치료센터에 강제적으로 구금된다. 이 처분은 마약중독자들을 최장 2년간 특수한 교정치료센터에 수용할 수 있게 하였고, 이 기간 동안 마약중독자는 약물해독 치료프로그램과 정상화교육 그리고 재사회화 프로그램을 이행해야 한다. 치료의 일부는 치료센터 밖 다른 시설에서 행해질 수도 있다. 일부 전문가들의 맹렬한 비난에도 불구하고 이 제도는 2001년에 도입되었다.

법무부는 각 교정시설의 명칭을 결정하고 교도소 건설과 수용자 이송 등에 관한 규칙들을 결정한다.

- 수용자 선별

성인수용자에게 특화된 형벌제도 시스템은 서로 다른 유형의 교도소에 선별되어 수용된다는 것을 의미한다. 이런 선별작업은 교정상담사에 의해 시행되고 있으며(교정원칙법 제15조) 여러 선별 기준을 통해 수형자가 자신의 형을 어떤 교도소에서 복역해야 할지를 결정한다. 판결절차 중 선택된 교도소에 수용자가 적합하지 않다고 명백하게 드러나게 되면, 교정상담사는 다른 교도소로 이송시킬 수 있다. 실무에서 수용자 이송 중 가장 중요한 원인중 하나는 선택된 교도소에서 다른 수용자와의 적응곤란이다.

수용자는 선택된 교도소에 대한 불편을 호소할 수 있는 권리와 다른 곳으로 이송을 요구할 수 있는 권리를 가진다. 교정상담사들은 이러한 진정을 처리하게 되며(교정원칙법 제17조), 만약 수용자가 교정상담사의 결정에 여전히 동의할 수 없다면, 그는 헤이그에 있는 행정법원인 '형사사법행정과 청소년보호위원회'에 이의를 제기할 수 있다.

- 적응의 단계별 구분

교정시설 내 적응정도에 따른 완전한 자유의 향유와 제한 사이에는 차이가 있다. 완전한 자유를 가지는 자들은 교도소 내를 야간을 제외하곤 상당히 자유롭게 이동할 수 있는 반면, 그 반대인 자들은 공동 또는 그룹 활동을 제외하고는 자신의 방에 구금되어 생활해야 한다. 완전한 자유를 누리는 수용자의 경우는 공동 활동이 주류를 이루고 거실에 수용되어 있는 시간은 예외적인 반면,

완전한 자유를 가지는 수용자의 경우는 그에 상응하는 처우를 한다. 예를 들면 시설 내 다른 수용자들과 잘 적응하지 못한다고 간주되는 수용자는 교도작업, 실외운동, 종교활동 그리고 특별한 경우 교육과 여가활동에 대해 타수용자들과의 교류가 제한된다. 그러므로 작업, 운동, 종교 그리고 여가활동시간을 제외하곤 자신의 방에 홀로 남겨져 있느냐와 하루 종일 답답한 거실 밖으로 나와 비교적 자유롭게 지내느냐는 그 수용자가 교도소사회에 얼마나 적응을 잘하고 참여했느냐에 따라 다양하게 달라질 수 있는 것이다. 물론 야간에는 누구를 막론하고 독거실에서 지내야 함은 적응단계와는 상관없다.

- 독거제

네덜란드 교정시스템은 각각의 거실에 단지 한 명의 수용자만을 기거하게 하는 독거제를 원칙으로 운용하고 있으나, 특히 1990년 초반에는 교도소 수용능력의 부족으로 어쩔 수 없는 시대적 환경변화에 따라 이 원칙이 완벽하게 유지된 건 아니었다. 1993년 이후 벌금미납자와 추방명령을 받은 외국인들은 공동거실에 혼거수용되기도 하였다. 더욱이 비상상황시에는 예심구금자와 유치장 수용자들은 공동거실에 수용될 수 있도록 하였고, 2002년부터는 소위 '마약소비자'에게도 적용되었다. 그 후에 몇몇 유치장을 새로 개소하면서 수용능력이 늘어감에 따라 독거제 원칙이 다시 지켜질 수 있게 되었다. 각 거실의 평균 면적은 10제곱미터이고 각 거실은 보통 화장실과 세면대를 갖추고 있다. 그에 더해 거실에는 침대, 의자, 탁자, 옷장, 선반을 포함하고 있다.

9.4 교도소 체제

제한된 교류만이 적용되는 교정시설에는 세 종류의 형태가 가능하다.

- 일반체제

최소 주당 43시간의 활동이 포함된 78시간의 일과프로그램이 있고 일반적인 식사제공과 접견이 가능하다.

- 간소한 체제

38시간의 활동을 포함하여 최소 주당 56시간의 일과프로그램이 있고 접견이 허용된다.

- 특별보안체제

18시간의 활동시간을 포함하여 78시간의 주당 일과프로그램이 있으며 접견도 가능하다.

운동, 여가 그리고 1시간의 야외접견 등이 각각 기본적인 활동으로 모든 체제의 교도소에서 보장하며, 교도작업, 공부, 교화프로그램 참여 준비 같은 여타의 활동에 참여하는 것은 각 교도소의 사정에 따라 또는 수용자의 수형생활에 따라 달라진다. 주간 일과 시간에는 동료수용자들과 어울릴 수 있으며 나머지 시간에는 각각의 거실에서 지내야 한다. 교정원칙법은 교도소체제와 수용자의 법적 지위에 대한 규칙을 제시하고 있다. 가장 중요한 권리는 외부세계와 접촉에 관한 것, 교도소 내 활동에 참가할 권리와 의무, 여가시간, 종교집회에 참석하는 것, 음식, 의복, 개인물품, 야외접견, 의료서비스, 징벌조치, 교정시설의 안전과 질서, 진정 절차 등등이다.

네덜란드에서 수용자는 자신의 거실에 TV와 비디오를 자비로 설치할 수 있고 서적비치 그리고 조류 또는 작은 어류 등을 키울 수 있다. 모델교도소규칙[huisregels]에는 수용자 거실에 소유가 금지된 물품 등을 명시해 놓았다.

- 국가에서 지정한 거실 목록표에 의해 이미 지급된 물품과 유사한 물품
- 전등, 양초, 오일램프, 진동기, 자위용 인형, 영화와 비디오 장치, 쌍안경, 망원경, 사진기, 송신기 그리고 통신장비;
- 크기가 40, 25, 30cm 보다 작은 어항에서 키우는 한 두 마리의 어류와 크기가 35, 35, 50cm이하의 새장보다 크지 않은 새장에서 키우는 한 두 마리 작은 새를 제외한 애완동물.

이런 물품 등은 법적으로 금지된다. 또한 교도소장이 정한 여러 물건(예를 들면 컴퓨터, CD플레이어) 등도 금지할 수 있다.

모델교도소규칙은 때론 세밀하게 거실에 보관해야 하는 의류(7쌍의 속옷), 신발 그리고 여러 개인소유물품에 대해 정하고 있다. 또한 규칙에 명백하게 금지되었거나 허용된 물건이라도 소장은 이를 허가 또는 거부할 수 있다. 예를 들면 소장은 수용자가 개인 컴퓨터를 소유하게 할 수 있으며 거실에 전기주전자이나 헤어드라이기를 소유하게 허가할 수 있다.

- 접견

수용자는 교도소규칙에 의해 정해진 장소와 시간에 따라 일주일에 최소 한 시간 방문자와 접견할 권리가 있다. 하지만 예심판사에 의해 부여된 제약을 받고 있는 예심구금자의 경우 검사나 예심판사가 교도소장에게 접견을 하도록 지시한 경우를 제외하고는 이런 권리를 가질 수 없다.

수용자를 방문하고자 하는 접견인은 방문 전에 미리 전화나 편지로 허가 여부를 문의하여야 한다.

교도소장은 교정시설의 안전과 질서유지의 목적으로 동시 접견 가능인원의 수를 제한할 수 있다. 접견은 교도관의 감독에 하에 접견실에서 이루어진다. 일반적으로 접견실에는 여러 수용자가 같이 방문객들과 접견을 한다. 합동 접견이 아닌 개인접견은 교도소장의 허가가 있어야 한다. 수용자와 그의 면회인 간의 대화는 감청될 수 있으며, 교도소장은 접견 전에 수용자에게 이러한 일이 생길 수 있다는 사실을 고지하여야 한다.

일반적으로 수용자와 면회인 사이에는 유리나 플라스틱 스크린이 없지만, 소장은 이런 스크린을 설치할 수 있고 인터폰을 통해 대화하게 할 수 있다. 면회객은 신분카드를 착용하여야 하고 시설의 안전이나 질서에 위험을 야기할 수 있을지 모르는 물품의 소지여부를 검사하기 위해 방문 전에 미리 의복을 검사받아야 한다. 검사는 주로 면회객이 가지고 온 물건에 관한 검사이며, 교도소장은 접견시간동안 이 물건 등을 보관할 권한이 있다. 또한 면회인은 검색대를 통과하여야 하며, 어떠한 물건도 수용자에게 건네서는 안 된다.

접견시간 전후에 수용자의 의복은 검색을 받거나 신체검사 명령을 받을 수 있다.

변호인은 시간제한 없이 의뢰인인 수용자를 접견할 수 있다. 변호인은 그의 신분을 증명해야만 하고 검색대를 통과하여야 한다. 그러나 변호사의 소지품을 검사할 수 없다.

장기수들은 소위 감시 없는 접견을 할 수 있는 권리가 주어진다. 이 접견은 성적인 해소를 위해 이용되기도 한다. 그러나 예심구금자의 감시 없는 접견요구는 가장 예외적인 상황에서만 허가될 수 있을 것이다. 장기의 예심구금과 이로 인한 파트너와의 관계가 소원해진다는 점은 감시 없는 접견을 허가해야만 하는 충분한 이유로 인정되지 않는다.

- 전화사용

예심구금 수용자에게는 제한하고 있으나, 일반적으로 모든 수용자는 교도소외부의 사람과 일주일에 적어도 1회 10분간 전화통화를 할 수 있다. 전화통화 비용은 특별히 교도소장이 결정하는 경우를 제외하곤 자비로 한다.

수용자는 교도소매점에서 전화카드를 구입할 수 있다. 만약 어떤 수용자가 통상적으로 필요한 것 이상의 전화카드를 보유하다가 발각된 경우 이는 교도소 질서에 위배되는 범죄행위에 해당된다고 보아 징벌조치에 취해질 수도 있다.

교도소장은 아래 언급된 이유 또는 예심구금자와 통화한 자의 신분을 확인 할 필요가 있다고 판단될 때는 전화통화를 감시할 수 있다.

- 교정시설내의 안전과 질서를 유지하기 위해서;
- 범죄예방과 수사를 위해서; 또는
- 범죄피해자의 보호를 위해서

감시는 감청 또는 통화내용 녹음의 방식 등을 포함하며, 전화통화를 하기 전에 수용자에게 감청의 성격과 이유 등에 대해 고지하여야 한다.

교도소장은 수용자가 전화통화 할 기회를 하지 못하도록 거절할 수도 있고 위에서 언급한 이유 등으로 허용된 시간에 통화중에도 전화통화를 종료시킬 수 있다.

전화통화 할 기회를 하지 못하도록 하는 결정은 최대 3개월 동안 할 수 있다.

교정원칙법 제37조에 언급된 사람이나 기관(사법당국, 옴부즈만 등등)에 어떠한 제한 없이 전화통화 할 수 있는 필요성과 기회에 대해 규정하고 있다. 전화통화한 자의 신분을 확인하는 일 등 이러한 전화통화에 대한 여타의 감시는 허용되지 않는다.

변호사들은 자신들의 의뢰인(수용자)과의 통화가 법적으로 감청되지 못하도록 보장되어 있음에도 불구하고 감시당하고 있다고 꽤 자주 이의를 제기한다. 법무부는 수용자와 그들의 변호사와의 전화통화 감시를 중지하도록 교도소장들에게 지침을 내렸다. 예심판사에 의해 부여된 제약을 받는 예심구금자는 긴급한 경우에는 어느 때라도, 긴급하지 않은 경우에는 통상 정해진 시간에 자신의 변호사와의 전화통화를 제외하곤 어떠한 경우라도 전화통화가 허용되지 않는다.

이메일, 텔레팩스 그리고 휴대폰 등은 교정원칙법 제39조의 범위에 포함되지 않으므로 당연히 사용이 불가하다.

- 서신과 소포

일반적으로 수용자는 자비로 원하는 만큼의 서신을 자유롭게 발송하고 수신할 수 있으나, 교도소장은 질서와 안전을 유지하기 위해 서신의 숫자를 제한할 권한을 갖는다. 교도소장은 표지나 우편물을 검사하고 금지품의 내용을 조사할 권한이 있으며, 수용자가 발송하고 수신한 서신이나 우편물 등을 복사하는 방법으로 감시할 수 있다. 수용자는 자신의 서신이나 우편물이 검사되고 감시된다는 사실을 미리 고지 받아야 한다.

교도소장은 서신이나 우편물이 교정시설내의 안전과 질서유지, 범죄의 수사와 예방 또는 범죄피해자의 보호 또는 범죄에 관련되어 있어 몰수할 필요가 있는 경우에 특정한 서신이나 우편물을 교부하지 아니하고 몰수할 수 도 있다. 교부되지 아니한 우편물 등은 발신인에게 반송되거나 영치되고, 수용자의 동의하에 폐기되기도 하며, 범죄예방과 수사를 위해 경찰에 넘겨지기도 한다. 모든 수용자는 왕족, 국회의원, 법무부장관, 사법기관, 국가옴부즈만, 형사사법행정과 청소년보호위원회에 보내는 편지는 제한받지 않는다. 서신의 발신과 수신에 관한 권리는 일정한 제한 하에 구금되어 있는 예심구금자의 경우에는 제한된다. 그들이 수발하는 모든 서신은 검열되고 감시받아야 한다.

교도소장에 의해 교부가 금지된 서신이나 서신의 발신은 서면으로 교도소장이 서명하여 확정한다.

외국어로 작성된 서신은 번역되어 교부되어야 하므로 시일이 걸리게 되고 수용자는 이에 대해 불만을 제기할 수 없다.

생일이나 크리스마스 등의 경우 수용자는 33유로 정도까지 선물이 확인하기 쉽게 되어 있다면 소포를 받을 수 있다.

- 음식, 의류 그리고 개인위생

교정원칙법 제44조에 의해 교정시설은 수용자에게 음식을 제공한다. 만약 의무관(의사)이 건강상의 이유로 특별식을 처방하거나 또는 종교적, 사상적 이유로 일반식을 먹을 수 없을 경우, 즉 예를 들면 유대인에게는 돼지고기가 지급되지 않고, 이슬람교도에겐 halal(이슬람 율법에 따라 도살된 동물의 고기)등 제공되는 등 통상 특별식이 지급될 수 있다. 식사비용은 제한적이지만 국가영양정보국[National Nutrition Information Office]의 권고에 따르고 있다. 모든 수용자는 자비로 샌드위치, 과일, 간식거리, 음료수, 과자류 그리고 담배종류 등 일용품을 교도소내 매점에서 구입할 수 있다. 보통 교도소 영내에서의 흡연은 허용된다. 그러나 교도소장은 특정 지역이나 특정시간대엔 흡연을 금지할 수 있고, 야외 접견시에는 항상 흡연이 허용된다.

수용자는 그의 복장이 질서와 안전에 또는 개인 건강상의 위험을 발생시킬 우려가 없는 한 자신의 의복과 신발을 착용할 권리가 있다. 수용자에게 작업시나 운동시에 특별히 고안된 의복이나 신발을 의무적으로 착용하도록 할 수 있다. 만약 수용자가 이러한 복장을 거부할 때에는 작업이나 운동에서 배제시킬 수 있다. 교도소는 수용자의 의류 등을 세탁할 수 있도록 배려하고 있다.

수용자의 위생을 위해 교정시설에서는 수용자에게 비누, 치약, 칫솔, 면도용품, 빗 그리고 샴푸를 지급하고 있으며, 특히 여자 수용자를 위해 위생타월을 지급하고 있다. 또한 수용자는 교도소 내 매점에서 추가적으로 여러 개인 위생품을 구입할 수 있다. 원칙적으로 턱수염과 콧수염도 자유롭게 기를 수 있도록 허용하고 있다. 교도소장은 미용사가 정기적으로 방문해 머리, 턱수염 또는 콧수염 등을 손질할 수 있게 조치하고 있다.

샤워에 대한 권리규정은 없지만 운동 후에는 적어도 일주일에 한번은 의무적으로 샤워를 하도록 하고 있으나 실제로는 더 자주 하고 있다.

- 교도작업

수용자는 교도작업에 참여할 권리가 있다. 교도소장은 작업이 구금본래의 목적에 위배되지 않는다고 판단되면 교도작업의 참여 정도를 조정할 수 있다.

유죄판결을 받은 수형자는 교정시설 안 또는 밖에서 교도작업에 의무적으로 참여해야 한다. 단 예심구금자는 교도작업이 의무적이지는 않지만, 본인이 교도작업에 참여하기를 원하는 경우 기결수와 같은 방식으로 작업에 임할 수 있다.

작업시간은 외부사회에서 실행되는 수준과 조화를 이룰 정도의 수준에서 법적으로 명시하고 있다.

법무부는 작업임금에 관해 규칙을 제정하였다. 교도소장은 작업임금산정과 지급에 관한 사항을 선의로 관리한다.

자유형을 부과받은 자가 그 작업을 거부할 경우 일반적으로 거실에 감금되거나 분리수감되는 방식으로 징벌을 받게 된다. 역시 다른 방식의 징벌로는 접견 금지 또는 귀휴의 정지 같은 징벌이 부과되기도 한다.

교도작업의 의무가 없거나 교도작업을 원하지 않는 수용자는 교도작업시간동안 자신의 거실에 있어야 한다.

수용자가 교도작업에 불참한다는 것은 곧 담배나 다른 생활필수품(샌드위치 안을 채우는 음식 등)을 매점에서 구입할 돈이 부족하게 된다는 뜻이고 TV를 임대해서 시청하고 전화카드와 우표를 살 돈이 없게 된다는 것을 의미한다. 그러므로 교도작업거부는 곧 교도소 내 생활의 질을 스스로 떨어뜨리는 행위가 되는 것이다.

1996년 이후부터는 교정시설에서 작업을 통해 얻은 수입을 재무부국고에 귀속시키는 대신 교도소들이 자체적으로 보유하도록 허가되었고 이로 인해 더 이상 국가재정지원도 할 필요가 없게 되었다. 1996년부터 각 교도소는 수용자들 작업임금을 수용자들에게 지불해줘야 했다.

1999년 교도작업 총 수입은 2,000만 유로를 넘었고, 1996년 수용자 교도작업 임금에 관한 임시규칙이 제정되게 되었으며 1999년 1월 수용자 교도작업 임금에 관한 규칙이 최종 시행되었다. 시간당 수용자는 0.65유로를 받고 교도소장은 최대100%의 초과임금을 줄 것을 결정할 수 있다.

만약 일할 기회가 없거나 질병으로 인해 수용자가 작업에 참여할 수 없게 되면 그는 평균 일일임금에 80%를 받는다. 수용자에 의해 좀 더 높은 수준의 기술을 요구하는 작업에 대해서는 특별한 규칙이 적용된다. 수용자가 교정시설에서 일주일에 벌 수 있는 임금은 38유로 정도이다.

각 교도소마다 임금은 상당한 차이가 있다. 몇몇 곳은 사정에 따라 임금지급규정에 의해 주당 26시간 노동에 12유로를 지급하는가 하면 다른 교도소는 18유로나 30유로를 지급하는 곳도 있다. 수용자가 받을 수 있는 작업임금은 그 교도작업에 대한 진정한 의미의 임금은 아니다. 왜냐하면 이는 엄격한 수요와 공급법칙이 존재하는 시장과 성과관계가 없고 또한 최저임금제와도 무관하기 때문이다. 사실 이는 단순한 용돈일 뿐이고 새로운 규칙에 의하면 실질적으로 이전에 비해 더 높은 수입으로 책정되지 않도록 하고 있다.

교도소는 또한 각종 기계류, 장비류, 장비의 감가상각분과 할부금 등 제반비용을 지불해야 한다.

노동력의 확보는 교도소자체에서 알아서 해야 할 부분이다. 매년 250만 시간 이상이 교도소작업을 위해 사용된다.

각 작업단계마다 부정적인 영향을 미치는 상당히 많은 한계들이 산재하므로 교도작업에 너무 높은 기대를 걸어서는 안 된다.

몇몇의 한계들은 특히 수용자에 관한 문제이다.

수용자의 대다수는 박탈된 사회적 배경으로부터 만들어지므로 최종적으로 교도소에 입소되기 전까지 충분한 직업교육을 받지 못하였다. 이들 중 다수는 전에 직업경험이 없고 또한 작업환경에 익숙하지도 못하다. 네덜란드 교도소 내 수용자중 반은 작업지시를 이해하지 못하는 외국인이다. 수용자들 중 상당히 많은 수는 마약중독자이거나 정신장애 또는 심리적 등등 문제를 가지고 있는 자들이기도 하다. 이런 일련의 문제들이 교도소 밖의 상황과 비교하여 중요한 차이점들이다. 노동자의 능력과 기술숙련도를 기초로 고용되는 외부세계와 달리 교도소에서는 이런 기준들이 전혀 고려될 수 없고 단지 제한된 정도만 적용되는 한도 내에서 이루어지기 때문이다.

또 다른 한계는 작업시설과 관련된다. 교도작업은 교도소 본래 목적에 비춰볼 때 단지 부차적인 일에 그치기 때문에 교정시설은 결코 공장처럼 건설될 수 없다. 최근에 건설된 일부 교도소는 교도작업에 적합하게 고려해서 건설한 시설들이 있기도 하다. 최근 건설된 교도소에서는 보다 현대화된 작업시설을 갖추고 있고, 다수의 구 교도소에서는 작업시설 설치를 용이하게 하기 위해 리모델링을 하고 있기도 한다.

교도내의 작업종류 역시 한계 중의 하나이다. 기계설비와 장비 등에 대한 투자, 엄격한 작업지도와 감독이 전혀 필요하지 않는 소위 단순작업이 주류를 이루고 있기 때문이다. 이런 작업은 박스 포장 같은 반복적이고 지루하며 상대적으로 낮은 수준의 작업들이다. 좀 더 특별한 장비와 지도감독이 요구되는 높은 수준의 작업이 있는데 이는 오프셋인쇄일, 제본, 목수일, 철공, 섬유가공, 패션의류, 가족세공 그리고 조립 같은 작업들이다.

이런 종류의 작업은 직업훈련과 병행되곤 하는데, 교도소에서는 용접공, 목수, 선반공, 페인트공 그리고 조적공 등에 대해 제한적으로 직업훈련을 하고 있다.

- 영치금

예심구금자는 구금시설에 입소할 때 자신이 가지고 있는 모든 현금은 영치를 시켜야 하고 이에 대한 영수증을 수령한다. 이 금액은 행정절차에 따라 보관되고 수용자 개인계좌에 예치된다. 수용자에게 이체되거나 우편으로 송금된 돈 역시 이 수용자 개인계좌에 예치된다. 교도소에서 교도작업을 통해 지급된 작업임금 역시 같은 절차를 밟는다. 계좌에 있는 영치금으로 수용자는 교도소내 매점에서 생활용품을 구입할 수 있고 전화카드를 구입하는데 사용할 수 있다. 만약 수용자가 교도소에 입소할 때 전혀 돈을 가지고 있지 않을 경우 추후에 교도작업을 통해 임금에서 제하는 조건으로 약간의 금액을 융자해 준다. 물론 이 경우 그 수용자는 반드시 작업에 참여할 준비가 되어 있어야만 한다.

- 의료서비스

교정원칙법 제42조에 의하면 교정시설에 고용된(대부분 시간제이지만) 의무관에 의해 수용자는 의료서비스를 받을 수 있다. 수용자는 의료비를 자신이 부담하는 조건으로 자신이 선택한 의사를 만나 진료상담을 할 수 있다. 교정시설에 고용된 의무관이나 그 대리인은 정기적으로 또는 수용자의 건강에 도움을 주는데 필요하다고 판단될 때 이들을 진료하게 되고 교도작업, 운동 그리고 여가활동에 참여하는데 건강이 무리가 없는지 확인하기 위해 여러 검사를 할 수 있다. 교도소장은 의료서비스가 적절하게 제공되고, 의무관이 처방한 약품이 원활하게 공급되고, 교정시설 내 또는 외부병원에서 시행된 치료가 적절하게 이루어지는지 확인할 책임이 있다.

많은 교도소에 수용자들의 신청에 의해 선발된 하나 또는 그 이상의 간호사들이 고용되어 의사보다 먼저 상담하여 의무관의 진료를 보조하고 있다. 수용자가 자비로 선택하여 신청한 의사와의 진료를 제외한 일반적인 의료비용은 국가가 부담한다.

수용자 300명당 상근의무관 한명이 진료해야 하며 50명당 한명의 간호사가 배치되어 있다.

의무관은 의료행위 외에도 여러 가지 일들을 책임지는데, 예를 들면 교도소장의 징벌조치결정으로 징벌방에 수용된 자 또는 교도소 내 질서유지를 위해 고립되어 독방에 감금된 자들의 건강상태를 관리하게 된다. 더 나아가 교도소장의 요청에 의해 수용자건강에 심각한 위험이 있을 때 신체를 검사할 권리도 있다.

의료서비스는 신청에 의한 정기적인 치과진료도 포함된다. 그러나 오랜 시간이 소요되거나 인레이(충치부분 봉박기), 의치 등등 비용이 비싼 치료는 예심구금자는 제외되고 장기수들에게만 제공되며, 수용자가 입소구금 전 양질의 치과치료를 지속적으로 받아온 경우는 제외되고, 법무부 치과상담사[Dental Care Consultant]가 고가의 치과진료를 허가했을 경우에만 이례적으로 허용된다.

정신건강에 문제가 있는 수용자들의 수가 증가하고 있는데 이는 교정시설에 심각한 문제들을 야기하고 있다. 모든 수용자 중 60%가 마약중독으로 인한 정신과적 문제를 가지고 있다. 특별한 심리적/정신병리학적 도움이 필요한 수용자를 위한 개인치료사동이 교정시설 내에 설치되어 있다.

정신이상 예심구금자가 위험한 상황에 처하면 암스테르담에 있는 40명을 수용할 수 있는 '법과학관찰과 치료사동(Forensic Observation and Treatment Ward (FOBA)'으로 이송할 수 있다. 법과학관찰과 치료사동에서는 정신이상 수용자에게 장기적으로 정신과 치료를 하게 하여준다. 만약 예심구금자가 정신이상 증세로 인해 구금을 유지하기에 적합하지 않다고 판단되면 이런 자들은 법정신의학 병원[Forensic psychiatric clinic] 또는 일반정신병원에 입원시킬 수도 있다.

- 교도소내의 에이즈[HIV] 문제

네덜란드 교도소 수용자 중 상당수가 HIV에 감염되어 있어서 에이즈 감염의 위험문제가 심각하게 대두되고 있다. 에이즈 감염 여부를 검사할 강제조항이 없으므로 네덜란드 교도소 내 에이즈 환자 발병률에 대한 정확한 통계는 없으나 다만 의무관과의 상담, 외부적 징후 또는 다른 증상 등을 토대로 의무관이 해당 수용자가 높은 에이즈감염 위험군에 속하는지 아닌지 인지 알 수 있다.

교도소 내 에이즈 감염을 방지하기 위한 정책들이 문제되고 있는데, 이 정책의 중요한 특징은 사회에서 시행되는 에이즈정책과 별반 다르지 않다는 사실이다. 이는 정보와 억제라는 두 기둥을 그 기초로 한다. 정책의 목적은 전염이 일어나는 방식과 감염을 일으키는 위험한 행위들 그리고 감염의 위험을 줄이는 조치들에 대해 교도관과 수용자 모두에게 교육하는 데에 있다. 이러한 정보 제공은 한편으론 에이즈에 대한 불필요한 걱정을 제거하고 다른 한편으로는 필요한 시기에는 모두에게 경각심을 줄 수 있다는 두 가지 장점이 있다.

에이즈정책의 특이한 점은 모든 수용자는 잠재적인 HIV 양성 반응자라는 가정 하에 체계화되었다는 사실이다.

HIV의 확산을 막는 정책 중 일부분은 마약중독자에게 메타돈(진통제의 일종)과 콘돔을 지급하는 것이고 새로운 주사기로의 교체 등도 논의된다.

마약사용을 방지하기 위해 여러 다양한 조치들이 시행되고 있음에도 불구하고 네덜란드 교도소에서 해쉬쉬hashish나 마리화나 같은 비교적 가벼운 마약이나 또는 헤로인이나 코카인 같은 강력한 마약류조차도 수용자들이 사용하고 있다고 알려져 있다.

마약중독 재활치료를 원하거나 복역기간 중 중독자가 되는 걸 피하고 싶은 수용자들이 자치적으로 운영하는 '마약 없는[drug-free] 사동' 이 운용되고 있는 교정시설이 여러 곳 있다. 마약 없는[drug-free] 사동에 이송된 수용자들은 그중에서도 특정한 조건들을 감내하며 정신과 치료와 의료적 처치 등을 받을 수 있다. 교정규칙에 따르면 교도소 내 질서, 보인 그리고 원만한 교도소 운영을 위해 교도소장은 수용자에게 마약 양성반응 테스트 소변검사를 요구할 수 있다.

교정시설 내 마약복용과 소지는 당연히 금지되며 빌각되었을 경우 강제적 제재가 가해진다. 소변검사에 양성반응이 나오거나 이런 검사를 거부했을 경우 징벌처우에 처할 수 있다. 사회에서 메타돈(진통제)프로그램에 참여했었던 단기수형자는 역시 교도소 내에서도 메타돈프로그램에 참여할 수 있다. 특히 정신병리학적으로 심각한 마약중독증을 보이는 장기수형자는 하루에 5mg씩 교도소 내에서 메타돈 소량을 처방받아 사용할 수 있으며 이를 점차 줄이면서 복용하는 방식이 법무부 의료팀에 의해 권고되고 있다.

참고-네덜란드의 해악감소정책

네덜란드의 해악감소정책은 범죄적 시각의 목표인 마약 없는 사회를 이상주의적 시각으로 보고 사람들이 마약의 사용을 현실적인 정상화[normalization] 과정으로 받아들인다. 해악감소는 또한 질병 모델처럼 중독행위에 대한 예방, 치료, 재활 등을 강조하지만 치료와 재활을 위한 마약사용을 개인 및 사회를 위해 소위 해악의 감소가 가능하다면 허용한다.

해악감소는 공중보건의 원리에 기초한다. 공중보건의 원리는 개인 및 그 개인이 속한 사회의 보건 이슈를 통합적으로 고찰하면서 개인과 사회 모두 중요시한다. 따라서 해악감소는 마약사용 혹은 중독행위 결과로 나타나는 마약사용자 개인 및 그 개인 이 속한 사회의 해로운 결과를 감소시키는 것에 초점을 맞추고 있다. 다시 말하면 해악감소는 마약사용자는 물론 사회적 피해를 최소화하는 방향으로 정책을 전개하는 것 이다. 이런 맥락에서 해악감소는 고정적이고 하향식 접근방법보다는 보다 더 유연하고 상향식 접근방법을 선호한다. 이 때문에 대마초와 같은 소프트 마약 사용을 무조건 억제하고 처벌하기보다는 피해를 최소화하기 위해 대마초 사용을 허용하는 것이다. 또한 헤로인 중독자에게 마약유지 프로그램[drug maintenance program]의 일환으로 메사돈을 처방하고 1984년부터 암스테르담에서 AIDS예방을 위하여 깨끗한 주 사기를 제공하는 프로그램[needle exchange program]을 실시하고 있다.

- 기타 권리들

모든 수용자는 개방된 야외에서 보통은 동료수용자들과 함께 하루에 적어도 한 시간을 보낼 수 있는 권리가 있다. 예심구금자는 이에 제한이 따르나 격리된 구역에서 개방된 야외에서 머물 수 있다. 수용자는 일주일에 45분씩 적어도 2회 이상 건강이 허락하는 한도에서 야외운동을 할 수 있다. 보통 교도소 내에서는 심지어 투기종목까지도 특별히 금지하지만 않는다면 가능한 모든 종류의 운동이 허용된다.

운동을 우선 체력을 필요로 하므로 수용사는 교도소 내에서 운동을 하는 데에 필요한 단백질을 구입할 권리가 있다. 수용자는 기본적으로 주당 최소 6시간의 여가활동이 보장되는데 교도작업 성취도 등을 감안해서 더 많은 시간이 허가되기도 한다. 여기활동은 탁구, 체스 그리고 TV시청 등으로 구성되어있다. 모든 교정시설에는 각종 도서와 전문지 그리고 외국어로 된 책들이 구비된 도서관이 마련되어 있어서 주 1회 이상 책이나 전문지를 빌려볼 수 있고, 인근 공립도서관에서도 빌려볼 수 있다. 철저한 검사를 거친 후 개인적으로 도서를 복사하여 이용할 수도 있다. 교도소장은 시설 내 질서유지에 위험을 유발할 수 있다고 판단되는 책의 경우 반입을 금지할 수 있다. 또한 뉴스와 시사 등에 관심이 많은 수용자는 자신의 비용으로 신문과 전문지를 구독하고 TV세트를 임대할 수 있다.

수용자는 교육프로그램과 여타 교육활동에 참여할 수 있는데, 이런 교육들이 인간본성, 구금의 지속 그리고 수용자 개성에 적합하다고 간주된다.

- 징벌

수용자의 행위가 훈육과 보안 그리고 선의의 질서유지에 반한다고 판단되면 교도소장은 징벌을 부과할 수 있다. (예를 들면 소량의 마리화나, 알코올소지 또는 이송 중 심각한 부정행위 등 교정원칙법 제50조에 열거) 징벌 실시 전에 그 수용자는 자신이 가장 잘 알아들을 수 있는 언어로 조사를 받아야 한다.

징벌의 종류는 아래와 같다:

- 최장 2주일간 독방에 수용

독방은 일반수용자들이 수용되어 있는 건물로부터 격리되어 있으며 독방에는 단지 화장실, 매트리스 그리고 앉을 수 있게 만든 고무의자 각 1개만이 구비되어 있을 뿐이다. 독방에 구금되어 있는 동안은 교도작업과 여가활동이 제한된다. 그러나 편지수신, 접견, 종교집회참석 그리고 운동장에서 하루에 한 시간은 야외에서 시간을 보낼 수 있다;

- 최장 4주간 접견금지

예를 들어 수용자의 요구에 응해 면회인이 마약 등을 밀반입시키려 시도한 경우와 같이 위반행위와 접견의 상관성이 뚜렷할 때 시행하는 징벌의 종류이다;

- 최장 2주간 수용자 자신의 방에 구금

징벌구금기간 중에는 교도작업, 여가활동에 참여할 수 없으며, 그의 거실에 있는 TV세트가 치워진다;

- 2주간 교도작업임금의 벌금부과

징벌의 집행은 세 달 동안의 보호관찰 기간동안 근신하는 조건으로 유예될 수 있다. 교도소장은 징벌사유와 날짜를 명시하여 사인을 한 징벌결정 고지서를 즉시 수용자에게 전달하여야 하고, 수용자가 이 처분에 불복할 경우 교도소내 고충처리위원회에 부과된 징벌에 대한 진정을 할 수 있음을 고지하여야 한다.

교도소상은 또한 보안조치를 할 수 있는데, 징벌처분이 수용자의 행동을 교정하는 수단으로 시행되는 반면 이는 교정시설의 질서와 안전 또는 교도소의 보안과 평화가 심각한 위험에 처해 졌을 때 적용하는 조치이다.

보안조치는 수용자의 제도 내 모든 활동을 배제하거나 또는 최장 2주간 독방에 구금시킨다. 그 기간은 여러 정황상 필요하다면 추가로 2주 더 연장될 수도 있다. 외부세계와의 접촉은 제한되거나 금지되나 교정공무원 또는 교도관과의 면담은 허용된다. 이러한 조치들의 포괄적인 적용가능성 때문에 감독위원회[Supervisory Committee]와 교도소 의무관에게 24시간 내에 이 사실을 통보하여야 한다(교정원칙법 제24조). 더욱이 교도소장은 의무관에게 수용자의 건강과 교도소의 질서와 안전에 대한 위험을 방지하는 데에 필요하다면 수용자의 신체를 검사하도록 지시할 수 있다. 신체내부 검사는 항문 또는 여성질 검사 그리고 내시경 삽입검사 등을 포함한다. 이러한 검사는 의사나 의사의 지시에 따른 간호사에 의해 진행된다.

수용자가 총기의 탄약류 부품이나 탄약 또는 코카인 등을 몸속에 은닉하고 있다고 추정되는 뚜렷한 이유가 있으면 그의 사생활보호권이나 신체불가침권 등의 기본권이 침해될 수도 있다(네덜란드 헌법 제10조, 제11조).

- 수용자의 이의제기 절차

1976년에 제정된 수용자의 법적지위에 관한 법률이 시행된 후 수용자들은 교도소장의 처우결정에 대항하여 이의제기할 수 있는 권리를 가지게 되었다. 이 권리는 현재 교정원칙법 제60조 내지

제73조에 명시되어 있다. 이러한 이의제기는 각 교도소에 설치된 교도소감독위원회의 한 파트로 속해있는 청원위원회에 먼저 접수시킨다. 교도소 내 청원위원회의 결정에 불복하는 수용자와 교도소장은 '형사사법행정과 청소년보호위원회' 내 항고위원회에 이의제기할 수 있다. 수용자는 교도소장 또는 그 대리인에 의해 내려진 모든 처우결정과 결정이 지체되거나 거부된 경우와 관련해서도 이의제기할 수 있다.

다만 교도소장 또는 소장 대리로 행해진 일반적인 규칙 또는 규정과 실제 행동에 관련해서는 진정을 할 수 없다.

교도소장의 결정과 이의제기 사유가 진정서 내에 기재되어야 하고 그러한 처우결정을 받은지 7일 이내에 서면으로 제기하여야 하며, 그 이의제기에 대한 결정은 4주안에 이루어져야 한다. 교도소감독위원회[Prison Supervisory Board] 위원들로 구성되는 고충처리위원회[Compliant Committee] 위원장은 우선적으로 법관이 임명되며 소장의 처우결정의 집행을 정지시킬 수 있다. 만약 고충처리위원회가 교도소장의 결정에 취소명령을 내린 시점에 이미 결정에 대한 처우가 집행되어 버렸다면 그 수용자에게 (금전적) 보상도 가능하다.

해마다 약 4,000건의 이의제기가 접수되고, 이중 4분의 1이 징벌조치의 집행과 관련된 불만이며, 완전 독거수용같이 수용자의 명백한 권리에 대한 위반과 관련된 진정이 대부분을 차지하고 있다. 예외적인 경우 수용자는 국가 옴부즈만에게 청원할 수 있으나 현행 교정원칙법은 옴부즈만제의 역할을 매우 엄격하게 제한하고 있다.

- 귀휴

네 가지 종류의 귀휴가 있는데 일반귀휴, 제도연관[regime-related] 귀휴, 형기의 일시적 집행정지에 따른 귀휴 그리고 비정기적인 귀휴 등으로 분류된다.

1998년 일반귀휴규칙이 제정되어 장기수를 위한 휴가규정이 시행되었는데, 이에 따르면 일반귀휴는 수용자 개인적 근거를 토대로 가부가 결정되지만 귀휴가 허가되기 위해선 객관적인 여러 기준을 충족하여야 한다.

- 형의 선고가 확정될 것;
- 잔여형기가 적어도 3개월 미만일 것;
- 형기의 3분의 1을 복역하였을 것;
- 잔여형기가 1년을 넘지 않을 것;
- 가석방 날짜가 결정된 상태일 것

귀휴를 결정함에 있어 몇 가지 주관적으로 제외되는 사항이 존재하는데 이 기준은 모든 경우에 적용된다. 귀휴는 수용자가 석방을 준비하는 데 도움이 되어야 한다.

- 도주위험, 재범가능성, 평화로운 질서 교란, 난동야기 가능성 등이 예상될 때
- 귀휴기간 동안 불법물품 등을 밀거래할 가능성과 술과 마약남용이 예상되리라는 충분한 근거가 있을 때
- 약속을 지킬 수 없다는 확신이 서는 때
- 귀휴기간 머물 집이 없거나 주소를 남기지 않은 때
- 범죄피해자와 원하지 않는 조우의 위험이 나타날 수 있을 때

일반귀휴규칙[General Leave Rules]에 따르면 수용자는 평균 두 달에 한번 귀휴를 갈 수 있고 형기 중 총 여섯 번 이내에서 가능하다. 귀휴시간은 여행시간을 포함하여 60시간 부여되며 일반귀휴규칙의 적용을 받는 수용자는 자신의 형기 중 마지막 해 동안 두 달마다 60시간 귀휴를 갈 수 있다는 의미가 된다.

귀휴의 허가는 법무부 또는 교도소장과 그 대리인이 결정한다.

형기 종반에 추방될 예정인 외국 국적자, 본국 송환범 그리고 특별한 고도의 보안사동 또는 확장된 보안교도소 등에 수용된 자들은 귀휴가 허가되지 않는다.

제도연관[regime-related] 귀휴규칙은 아래와 같다:

- 개방교도소의 모든 수용자는 원칙적으로 매 수말마다 귀휴를 간다.
- 반 개방[half-open]교도소에서 복역 중인 수용자들은 4주마다

52시간 그리고 주말에 공휴일이나 기독교 휴일이 낄 경우 72시간까지 귀휴를 허가할 수 있다.

매우 특별한 상황에서 형집행정지에 관한 규칙이 있다. 가족이 심하게 아프거나 사망 시 가족의 장례식참가 그리고 직계비속이 태어났을 때의 사유가 있으면 귀휴가 허가되기도 한다.

비정기적 귀휴에 관한 규칙은 중병, 친척의 사망, 아기의 출생 그리고 의학적인 정신과적 또는 심리적 이유 또는 직업훈련과 각종 시험응시와 같은 급박한 개인적 사유와 관련해서도 귀휴를 허가한다.

귀휴복귀시간에 늦는다든지 술에 취해 복귀한다든지 등 귀휴조건을 위반했을 경우 여러 방법으로 처리된다. 귀휴조건을 위반한 수용자가 개방교도소에 있는 자일 경우 일반적으로 폐쇄교도소로 이송된다. 또 다른 조치로는 주말귀휴가 축소되거나 완전 금지되기도 한다. 만약 일반 귀휴자가 복귀하지 않으면 향후 귀휴는 허가되지 않는다. 이에 더해 귀휴복귀를 불이행한 수용자는 교도소질서와 규율의 위반으로 처리되어 그에 따라 징벌에 처해질 수 있다.

9.5 기타

- 탈옥

네덜란드에서는 수용자가 교도소를 탈출하여도 범죄가 아니다. 다만 도주과정에 교도관을 인질로 잡거나 폭력을 행사하는 등의 행위를 하지만 않으면 탈옥은 범죄구성요건이 되지 않는다. 도주는 가석방의 취소나 연기 등에 영향을 미칠 뿐이다. 해마다 20명 미만의 (장기)수용자가 교도소 외부세력의 도움을 받아 탈옥을 한다. '교도소 내 교도소'라 할 수 있는 특별한 고도보안 교도소가 도주가능성이 높은 수용자들을 수용하기 위해 건설되었다. 해마다 수백 명의 수용자들이 귀휴복귀시간이 지났는데도 복귀하지 않는다.

- 교도소 내 소수집단

네덜란드 교도소에는 외국인과 여자수용자가 두 종류의 중요한 소수집단을 이룬다.

카보베르데Cape Verde섬 주민, 오스트리아인 그리고 볼리비아인까지 약 80개 국적을 가진 수용자들이 네덜란드 교도소에 수감되어 있다.

수용자 중 가장 큰 집단은 모로코, 수리남 그리고 터키인들이고 콜롬비아인, 영국인 그리고 독일인 역시 상당한 집단을 이루고 있다. 총 수용자 중 절반 이상이 본국 태생이 아니며, 외국 국적을 가진 수용자는 총 수용자 중 약 3분의 1을 차지한다.

여자 수용자 중 40% 이상이 역시 외국인이며 주로 마약운반자로 전체 수용인원 중 5.5%를 차지하는 두 번째 소수집단을 구성하고 있다. 비록 여자 수용자 수가 지난 10년간 4배 이상 급증했지만 절대적인 수는 여전히 1,000명에 미치지 못한다.

여자 수용자를 수용할 교정시설의 수가 제한되어 있기 때문에, 차별화된 형집행 가능성이 남자수용자들보다 더욱 제한적으로 이루어 질 수밖에 없다.

1998년 교정원칙법에 따르면 남성과 여성 범죄자의 격리수용 집행정책은 의무조항이라고 명시하고 있으나, 교도소 내에 격리된 사동을 갖춰 남자 또는 여자 수용자를 수용할 수 있는 가능성을 열어 놓았다. 특히 여자수용자는 자신의 유아나 어린아이를 보살피며 수용생활을 할 수 있게 규정하고 있다.

- 수용자 송환에 관한 유럽협약

네덜란드는 1983년 수형자 송환에 관한 유럽협약 가입당사국이다. 타국 법원에서 형을 받아 네덜란드에서 자유형을 복역하도록 송환된 수용자 수는 여전히 매년 약 200명 정도로 소수이다. 극소수의 범죄자들이 네덜란드 법정에서 자유형을 선고받고 그들의 본국으로 이송되어 형을 치루기를 원하는 신청서를 제출한다.

외국교도소로부터 네덜란드로 송환되기를 신청하는 수용자의 대부분은 스페인, 독일 그리고 영국에 있는 수형자이다. 외국교도소로 이송되기를 신청하는 국가로는 영국, 터키, 독일 그리고 프랑스 등이다. 실제로 송환되는 수용자는 그리 많지 않다. 스페인, 독일 그리고 포르투갈에서의 이송요청은 영국, 독일 또는 스칸디나비아국가들로부터의 이송요청보다 잘 이루어진다. 왜냐하면 후자의 국가들은 네덜란드의 마약범죄와 관련하여 온건한 판결을 내리는 분위기에 반발하여 이송하기를 반대하고 있기 때문이다.

- 교도소예산

교도소운영에 소요되는 비용은 상당히 크다. 2001년 초반 하루 평균 하나의 거실을 유지하는 비용은 150유로였다. 특별한 고도의 보안사동은 더욱 많아 매일 283유로 정도, 반개방 교도소의 경우 매일 148유로가 소요되고 있다. 물론 이는 인건비, 건물유지비 그리고 각종 간접비가 포함된 가격이며 교화프로그램에 드는 비용은 매일 47유로가 소요되고 있다.

10

가석방, 사면 그리고 갱생지도

10.1 조건부 석방에서 가석방까지

조건부 석방에 관한 규정은 일찍이 1886년에 형법전에 포함되어 제정되었다. 그 당시 조건부 석방은 상당히 장기의 자유형을 복역한 수용자들에게만 예외적으로 적용되며, 선행에 대한 은혜적 자비를 베푼다는 취지로 시행되었을 뿐이었다. 조건부석방을 위한 법적 전제조건에 이런 개념이 포함되어 있었고, 석방의 허가는 교정행정상 자유재량의 영역이었다.

1915년에 석방에 관한 규칙들이 상당히 바뀌었는데, 이는 조건부석방이 범죄자의 재사회화를 촉진하여 사회로 되돌려 보내는데 기여하는 하나의 방법으로 정착하게 되었다. 조건부 가석방의 목적은 보호관찰소에 의한 감독과 석방 후 조건의 준수 등의 수단을 통해 범죄자 미래의 삶을 보다 나은 것으로 만드는 데 있었다.

1915년 개정된 규정에 따르면 수형자는 자신의 형기 중 3분의 2와 적어도 아홉 달 이상을 복역해야 조건부 석방 자격이 주어지며 석방 후 보호관찰 기간은 최소 1년은 지속된다. 석방의 결정은 지역교정위원회[local prison board]의 조건부석방 심사요청에 대해 법무부 교정 보호관찰국의 행정처분으로 이루어진다.

검찰은 가석방 조건을 준수하도록 할 권한이 있다. 또한 의무적인 일반준수사항 뿐만 아니라 석방결정에 특별한 준수조건을 부가할 수 있었다.

일반적인 조건으로는 석방된 수형자가 보호관찰 기간 동안 더 이상 어떠한 범죄와 다른 종류의 악행을 저지르지 않겠다는 것이다. 특별한 준수조건은 가석방자의 행동과 관련되어 있고 더 이상 자세하게 언급되어 있진 않으나, 실무상으로 대부분 가석방자가 석방 후 보호관찰관에 의한 특별한 감시를 받아야 한다는 사항에 관한 것이다. 검찰은 준수사항을 통제할 권한을 부여받았으며 가석방의 취소를 요구할 권한도 있다.

보호관찰관은 가석방자의 준수사항위반을 보고하여야 한다.

- 조건부 석방의 거부

1960와 1970년대 들어서 재사회화의 수단으로써 조건부 석방의 중요성이 퇴색하게 되었다. 이러한 현상에 대한 부분적인 원인은 조건부 석방의 자격이 있는 장기형 수형자의 수가 감소하였기 때문이기도 하다. 즉 1950년대에 약 800명 수준이었던 장기수는 1970년대 약 340명 수준으로 감소하였다. 그러나 그 보다 더 중요한 원인은 특히 석방 후 감독 문제와 관련된 보호관찰 업무 철학과 보호관찰소의 법률규정상 임무사이의 갈등을 야기하는 새로운 보호관찰 업무방식의 도입과 보호관찰 업무의 전문화 때문이었다.

이러한 갈등의 핵심은 보호관찰관과 피보호관찰자 사이의 관계에서 기본적인 법률상 보호관찰임무만 형성되어 있을 뿐 권위적인 여지가 없었음은 물론 어떠한 강제적인 감시도 하기 어려웠다는 점이다. 보호관찰 업무 철학의 한 가지 결론은 원래 도움을 주는 기관으로서 보호관찰관은 가석방조건을 위반하는 사항을 보고해야 하는 의무와 맞지 않았다는 것이다. 따라서 1970년대 초반 네덜란드에는 그러한 보고가 공식적으로 폐지되었다.

조건부 가석방은 더 이상 교도소에서 바람직한 행동에 대한 보너스로도 재사회화의 도구로써도 여겨지지 않았고, 교정과 보호관찰행정에 있어 가석방의 자격이 있는 수용자에게 주어지는 기회를 거절하기도 점점 어려운 상황이 되어갔다. 그 결과 석방의 비율은 1950년대 초반 50%에서 1970년대 초반에는 90% 이상으로 상승하였다.

실무상 대부분의 경우에 석방이 허용된 이후 아주 특별한 경우에만 석방이 거부되었다. 석방신청이 거부된 경우 수용자가 법원에 항고할 수 있는 가능성을 마련해야 할 필요성이 생겨났다. 1976년 이후 석방의 자격이 있는 수형자는 아른헴Arnhem법원 특별교정분과에 조건부 가석방의 거부, 유예, 취소 등의 결정에 대해 항고할 수 있다. 법원의 판례법은 교정보호관찰행정의 석방정책에 매우 비판적이었고, 이러한 판례법으로 인해 보호관찰부 가석방의 거부비율은 1975년 11%에서 1986년 1%로 급락한 바 있다.

- 조건부 가석방법 개정위원회

조건부 가석방은 거의 자동적인 권리로 점차 변화하여갔다. 이러한 배경 하에 1980년 조건부 가석방을 계속 유지해야 하는지 여부를 법무부에 조언하고, 수용자의 권리로서 조건부 가석방을 형법전에 규정하는 것이 현명한지 여부를 권고하기 위한 위원회가 설치되었다.

이 위원회는 자동적인 석방을 지지하지 않았다. 그럼에도 불구하고 석방절차가 시간을 소모하여왔고 매우 관료주의적이었으므로 자동적인 석방은 비용을 절감할 수 있고 수형자의 불확실한 감정을 제거할 수 있었으나, 역시 상당한 결점들을 가지고 있었다. 자동적인 석방은 법원이 형기를 결정하여 선고할 때 석방을 고려하게 될 것이라는 위험을 내포하고 있다. 자동적인 석방은 역시 위험한 수형자도 석방될 수 있다는 것을 의미하며, 수형자와 교도관간의 선량한 관계유지에 대한 인센티브가 더 이상 필요 없이 사라진다는 것을 의미하기도 한다. 마지막으로 자동적인 석방은 수형자의 선량한 행형태도에 유보된 형벌경감자격의 필요성을 퇴색케 한다.

위원회의 결론은 조건부 가석방에 관한 규정들을 개정해야 한다는 것이었다. 형법전은 조건부 가석방이 허가되는 사유들을 규정하여서는 안 되고 조건부 가석방이 거부되는 사유들을 규정하여야 한다는 의견이었다.

위원회는 조건부로 가석방된 수형자가 보호관찰소와 연락을 유지할 수 있는 가능성을 확보하기 위하여 특별한 조건을 부과할 수 있는 가능성을 남겨놓는 방안을 옹호하였다.

그러나 정부는 자동적인 조기 가석방을 도입함으로써 교정시스템에서 관료적 형식주의를 제거하라는 압력을 줄일 수 있으며, 엄청난 예산과 시간을 절감할 수 있는 시스템을 선호하였다.

10.2 조기 석방의 규정내용

조기 석방규정의 중요한 내용은 아래와 같다.

- 최대 1년까지 선고형을 복역하고 있는 수형자는 6개월 더하기 잔여형기의 3분의 1을 복역한 후에는 석방되어야 한다.
- 일 년 이상의 선고형을 복역하고 있는 수형자는 형기의 3분의 2를 복역한 후 석방되어야 한다.

조기 석방은 아래와 같은 경우 연기되거나 거부될 수 있다.

- 수형자가 정신장애로 인하여 위탁명령치료시설 선고를 받아 복역 중이며 계속적인 치료가 필요하다고 간주되는 경우; 또는
- 수형자가 법률상 4년 또는 그 이상의 형벌에 해당하는 범죄로

형을 선고 받고 복역 중 석방의 자격이 있는 경우; 또는

- 수형자가 매우 중대한 위법행위로 유죄판결을 받았고 (아른헴 Arnhem법원 특별교정분과의 판례법에 의하면 이 경우는 범죄행위의 혐의를 받아 예심구금이 허용될 수 있을 때를 의미한다.) 형의 선고를 받아 복역을 개시한 후; 또는
- 형의 선고를 받아 복역을 개시한 후 형 집행을 회피하거나 이를 시도하여 미수에 그친 경우.

앞에서 언급한 조건부 가석방과는 달리 조기 석방의 연기 또는 거부의 결정권한은 교정보호관찰행정에 있는 것이 아니라 아른헴 법원에 있다. 아른헴 법원 특별교정분과는 조기 석방의 자격이 있는 자에 대한 검사의 신청으로 보내진 석방의 연기 또는 거부여부를 결정한다.

그 결정은 변호인의 조력을 받아 수형자의 청문권이 보장된 공판절차에서 이루어진다. 만약 조기 석방이 연기 또는 거부된다면, 법원은 석방의 날짜를 지정한다.

10.3 개혁논의

현재 조기석방 정책의 불리한 점 중의 하나는 석방에 대한 조건이 없기 때문에 석방 이후 이전의 재소자를 감시하거나 모니터링할 수 없다는 것이다. 그러나 석방 후 첫째 달은 사회통합과 재범의 방지가 매우 중요하며, 만약 조기 석방에 조건을 붙일 수 있다면 효과가 나타날 수 있을 것이다.

따라서 이에 대한 개혁필요성이 제기되고 있는데, 석방된 수형자가 형기의 3분의 1인 보호관찰 기간 동안 조건을 준수하지 않고 새로운 범죄를 저지른 경우 또는 주류를 섭취하거나 적응훈련 프로그램에 참여하지 않는 경우 등과 같은 특별한 조건을 따르지 않는 경우에는 조기 석방을 취소할 수 있는 가능성을 마련하기 위한 조건부 조기석방 규정을 도입하자는 제안이다. 조건부 조기석방의 주요 목적은 상습누범의 위험을 감소시킴으로써 사회의 안전을 도모하는 데에 있다.

10.4 사면

2002년 개정된 1998년 사면법은 형을 선고받은 자 또는 검찰이 왕王에게 보내는 청원에 의해 왕이 사면을 승인할 권한을 부여하고 있다. 이유가 명확한 청원에 대하서만 절차가 진행될 것이다. 헌법 제122조와 사면법 규정들에 의하면 사면은 법원에 의해 모든 자유형 수용자와 340유로 이상의 벌금형 선고를 받은 자 그리고 역시 특정한 보안처분이 부과된 경우에 허가될 수 있을 것이다. 이에 더해 사면은 외국법원에 의해 형을 선고받았으나 외국에서 선고받은 형벌이 네덜란드에서 형을 선고한 것으로 전환되거나 조약에 의해 수형자가 네덜란드로 이송되어 네덜란드에서 형을 집행하는 경우에도 승인될 것이다.

법률상 사면을 승인하는 두 가지 근거가 있다. 첫째는 만약 법원이 어떠한 상황을 인식하였다면 다른 판결을 내렸을 수 있었다거나 형을 선고하지 않았을 수도 있는 상황들을 고려하지 않았거나 할 수 없었던 때에 법원이 형을 선고한 경우이다. 사면의 두 번째 근거는 형벌을 (계속) 집행하는 것이 형벌을 집행함으로 의도했던 목적을 달성할 수 없어 무의미해진 때이다.

형을 부과했던 검찰과 법원은 보통 사면을 허가하기 전에 자문을 구한다. 사면은 선고된 형의 전부 또는 일부의 면제, 형 집행의 유예 또는 선고형을 사회봉사 형벌과 같은 좀 더 가벼운 형으로 전환하는 결과와 관련될 것이다. 사면결정은 조건부로도 내려질 수 있다. 조건부 사면의 조건들은 선고유예의 조건들과 유사하다. 조건부로 사면된 범죄인을 지원하고 돕기 위해 보호관찰명령이 내려질 수 있다.

10.5 석방된 범죄인에 대한 갱생지원

기술적으로 말하면, 석방된 범죄인에 대한 갱생지원은 보호관찰의 업무가 아니다. 선고된 형을 복역하고 나면 어떤 이유로도 보호관찰소와 연락을 유지할 의무는 없다. 그러나 석방된 수용자가 자발적으로 도움을 요청할 때에는 하면 보호관찰소는 사회봉사나 보건기관과 같은 형사사법기관이 아닌 다른 단체로 보내줄 수 있다. 이러한 서비스는 주거, 고용, 부채구제 등과 같은 모든 종류의 실질적인 도움을 제공한다. 석방된 수용자가 사회에 다시 정착하기 위한 갱생지원 프로젝트 구성은 자원봉사자들이 매우 중요힌 역할을 담당하였다.

참고

우리의 가석방은 법무부장관이 결정하는 행정처분이며, 형집행작용으로서의 성질을 갖는다(형법 제72조 제1항, 형의 집행 및 수용자의 처우에 관한 법률, 이하 '형집행법' 제119조-제122조).

가석방은 징역과 금고의 집행 중에 있는 자에게만 인정되는데, 이와 관련하여 노역장유치의 경우에도 가석방이 가능한가에 대해 논란이 있다. 부정설은 벌금형에 대한 가석방이 명문으로 인정되지 않았다는 점을 논거로 들고 있다. 그러나 노역장유치는 대체자유형으로서 실질적으로 자유형의 집행과 다를 바 없고, 벌금형 선고받은 자를 자유형 선고받은 자보다 불이익하게 처우할 수 없으며, 현행법상 노역장유치집행에 관해서는 형의 집행에 관한 규정을 준용하도록 되어 있을 뿐 가석방 대상에서 제외한다는 명문의 규정이 없으므로 이를 긍정하는 것이 타당하다(다수설). 독일은 노역장에 유치된 자에게 그러한 노역장유치가 부당하게 가혹할 경우 법원은 대체자유형의 집행중지를 명할 수 있으며(독일 형사소송법 제459조의f[1]), 일본도 노역수형자에 대해서도 가출장을 허용하고 있다(일본 형법 제30조[2])는 점을 참고할 필요가 있다.

사면 등에 의해 감형된 경우에는 감형된 형이 기준이 되며, 형기에 산입된 미결구금일수는 집행기간에 산입된다. 그러나, 사형이 무기징역으로 특별감형된 경우, 사형집행 대기기간을 미결구금으로 볼 수 없

1 독일 형사소송법 제459조의f(환형유치 자유형 집행의 유보) 환형유치 자유형의 집행이 형을 선고받은 자에게 부당하게 가혹할 경우에는 법원은 대체자유형의 집행중지를 명한다.

2 일본 형법 제30조(가출장)
① 구금에 처해진 자는 정상에 따라 언제라도 행정관청의 처분에 따라 가출장을 허용할 수 있다.
② 벌금 또는 과료를 완납하지 못해 유치된 자도 전항과 같다.

으므로 처음부터 무기징역을 받은 경우와 동일하게 가석방 요건 중 하나인 형의 집행기간에 산입할 수는 없다.[3]

가석방의 요건이 갖추어지면 수형자가 속해있는 교도소장은 가석방심사위원회에 가석방심사를 신청하고(형집행법 제121조 제1항), 가석방심사위원회의 가석방심사를 거쳐서 법무부장관의 허가로 가석방 될 수 있다. 가석방심사위원회는 수형자의 나이, 범죄동기, 죄명, 형기, 교정성적, 건강상태, 가석방 후의 생계능력, 생활환경, 재범의 위험성, 그 밖에 필요한 사정을 고려하여 가석방의 적격 여부를 결정한다(형집행법 제121조 제2항).

가석방의 기간은 무기형의 경우 10년, 유기형의 경우 남은 형기로 하되 동 기간은 10년을 초과할 수 없다(형법 제73조의2 제1항).

가석방된 자는 가석방의 기간 동안 원칙적으로 보호관찰을 받는다. 다만, 행정관청이 필요없다고 인정한 때에는 예외적으로 보호관찰을 받지 않을 수도 있다(형법 제73조의2 제2항).

가석방기간 중에는 아직 형의 집행이 종료된 것이 아니다. 따라서 가석방기간 중에 다시 죄를 범하여도 누범에 해당하지 않는다.[4] 그러나, 가석방의 처분을 받은 후 처분의 실효 또는 취소됨이 없이 가석방기간을 경과한 때에는 형의 집행을 종료한 것으로 본다.

하지만, 가석방 중 금고 이상의 형의 선고를 받아 그 판결이 확정된

3 대법원 1991.3.4. 90모59

4 대법원 1976.9.14. 76도2071

때에는 가석방처분은 효력을 잃고 형이 집행된다. 단 과실로 인한 범죄로 형의 선고를 받은 때에는 예외이다(형법 제74조). 또한 가석방의 처분을 받은 자가 감시에 관한 규칙을 위반하거나 보호관찰의 준수사항을 위반하고 그 정도가 무거운 때에는 가석방처분을 취소할 수 있다(제75조).

가석방이 실효 또는 취소되면 원래의 형이 집행되는데, 이 때 가석방 중의 일수는 형기에 산입되지 아니한다(제76조 제2항). 따라서 가석방이 실효 또는 취소되면 가석방처분을 받았던 자는 가석방 당시의 잔형기간, 즉 무기징역이라면 무기징역의 형을 집행받아야 한다.

참고문헌

김주경, 『각국의 법관 다양화에 관한 연구』, 사법정책연구원(2017)

김주경, 『네덜란드의 사법개혁과 법조인 양성제도에 관한 연구』, 사법정책연구원(2016)

박진실, 「대마초 합법화 논쟁: 미국과 네덜란드 사례의 비교분석」, 경찰법연구 제15권 제2호(2017)

유동익, 「네덜란드의 형사정책」, EU연구 제18호(2006.1.)

이주희/조한상, 「네덜란드의 안락사」, 법과 정책연구 제10집 제3호(2010.12.)

이치현, 「네덜란드의 검사와 사법경찰관의 관계」, 국외훈련검사 연구논문집 제29집(2014)

송문호, 「네덜란드 TBS시설 위탁처분에 관한 연구 - 위험한 상습누범의 경우를 중심으로 - 」, 비교형사법엽구(2003.12.)

하재욱, 「네덜란드 형사사법체계 개요 - 수사절차를 중심으로」, 사법연수원 교수논문집, 청연논집 제11집(2014)

Barth, *"Bist du gefährlich?, Der Spiegel"*, Heft 42, 1995.

Binding, *"Die Normen und ihre Übertretung"*, Bd. IV, 1919.

Bruinsma. G.J.N. Fijnaut. C.J.C.F. Bovenkerk, F & van de Bunt, H.G. *"Organized Crime in the Netherlands."* NewYork. Kluwer Law International, 1998.

Cliteur .P.B. *"Inleiding in het recht."* Groningen: Wolters-Noordhoff, 1996.

Dijk .J.J.M. van. *"Understanding crime rates: on the interactions between the rational choice of victims and offenders."* British Journal on Criminology. Delinquency and Deviant Behaviour. Vol. 34. Nr. 2, 1994.

__________________. *"Opportunities for crime: at test of the rational-interactionist model."* Eleventh criminological colloquium .Strasbourg. November 1994.

__________________. Sagel- Grande.H.I. & Toornvliet. L.G. *"Actuele criminology."* Den Haag: Sdu Uitgever B.V, 2002.

"Criminaliteit en rechtshandhaving" 2000.

"Die niederländische Strafproyessordnung vom 1." Januar 1926, translated and introduced by Hans-Joseph Scholten, Freiburg im Breisgau: edition iuscrim 2003.

v. Emmerik, *"Recidivism among psychiatric offenders"*, Hague, 1985.

v. Emmerik, *"Tbs en recidive. Een vervolgstudie naar de recidive van ter beschikking gestelden van wie de maatregel is beendigt in de periode 1979-1983"*,

Arnhem, 1989.

v. Emmerik, *"De maatregel tbs. Een overzicht in cijfers"*, justitiele verkenningen 19 Nr. 3, 1993.

Haffmans, *"De berechting van de psychisch gestoorde delinquent"*, 1989.

Hirsch, *"Gefahr und Gefährlichkeit, in: Strafrechtliche Probleme-Schriften aus drei Jahrzehnten-"*, 1999.

H. J. J. Leenen, *"The Development of Euthanasia in the Netherlands"*, European Journal of Health Law 8, 2001.

Korf, Dirk J. *"Dutch Coffee Shops and Trends in Cannabis Use."* Addictive Behaviors, vol. 27, 2002.

Krul-Steketee, *"TBR: verleden"*, heden en toekomst, NJB 1988.

V. D. Landen, *"Straf en maatregel, Een onderzoek naar het onderscheid tussen straf en maatregel in het strafrecht."* Arnhem, 1992.

MacCoun, Robert J. *"What can we Learn from the Dutch Cannabis Coffeeshops System?"* Addiction , 106, 2011.

"Parliamentary Papers", Session 1999-2000, nos. 24587 and 26562, subno. 44

Sagel-Grande, *"Die Freiheitsstrafe und ihre Surrogate in den Niederlanden, in"*: Jescheck, *"Die Freiheitsstrafe und ihre Surrogate im deutschen und ausländischen Recht"*, 1983.

Sagel-Grande, *"Die Maßregeln der Besserung und Sicherung im strafrechtlichen Rechtsfolgensystem der Niederlande"*, ZStW 103, 1991.

Sagel-Grande, *"Neue Entwicklungen im niederländischen Maßregelrecht"*, ZStW 106, 1994.

"Specific regime for chronic TBS patients", NJB 1998.

Peter J. P. Tak, *"Essays on Dutch Criminal Policy"*, 2002.

Peter J. P. Tak, "The Dutch criminal justice system", 2003.

Wouters, Marlje et al. *"Cannabis Use and Proximity to Coffee shops in the Netherlands."* European Journal of Criminology, vol. 9, no. 3, 2012.

Tijs Kooijmans, *"The Netherlands, Harmonisation des sanctions pénales"*, SOCIÉTÉ DE LEGISLATION COMPARÉE, 2003.

〈참고 사이트〉

www.cbs.nl

www.halt.nl

www.justitie.nl

www.overheid.nl

www.parlement.com

www.politie.nl

www.rechtspraak.nl

www.om.nl

찾아보기

ㄴ

ㄷ

ㅁ

ㅂ

ㅅ

ㅇ

ㅈ

ㅊ

네덜란드 형사사법체계

지은이 송문호
펴낸이 이남호
펴낸곳 전북대학교출판문화원

초판 1쇄 인쇄 2018. 12. 8
초판 1쇄 발행 2018. 12. 13

전북대학교출판문화원 전라북도 전주시 완산구 어진길 32 (풍남동2가)
전화 (063) 219-5321~2
FAX (063) 219-5323
출판등록 2012년 8월 20일 제465-2012-000021호

저자 및 출판사의 허락 없이 이 책의 일부 또는 전부를 무단 복제 · 전재 · 발췌할 수 없습니다.
잘못된 책은 바꿔 드립니다.

값 18,000원

ISBN 979-11-6372-011-9 93360

이 도서의 국립중앙도서관 출판예정도서목록(CIP)은 서지정보유통지원시스템 홈페이지(http://seoji.nl.go.kr)와 국가자료공동목록시스템(http://www.nl.go.kr/kolisnet)에서 이용하실 수 있습니다. (CIP제어번호 : CIP2018038106)